la vie vaut la peine d'être visage

fougères 42220 la versanne
ISBN 2-909422-77-1

céline masson

avec

jean-luc parant

la vie vaut la peine d'être visage

essai sur le visage

encre marine

à la mémoire de Pierre Fédida

L'épiphanie du visage comme visage, ouvre l'humanité. Le visage dans sa nudité de visage me présente le dénuement du pauvre et de l'étranger.

E. Levinas,
Totalité et infini – Essai sur l'extériorité,
Le Livre de Poche, Paris, 1971, p. 234.

Que l'on arrête de se regarder dans les miroirs et que l'on commence à se regarder dans les visages.

Jean-Luc Parant.
« Jour. Télégramme de la première heure »
in *Les yeux*, José Corti, 2002.

jean-luc parant

Le texte de la page de gauche
est la lecture du texte
La vie vaut la peine d'être visage
de Céline Masson
par Jean-Luc Parant.
Il en est son écriture.

céline masson

Le texte de la page de droite
est la lecture du texte
Les yeux
de Jean-Luc Parant.
par Céline Masson.
Il en est son ouverture.

céline masson

Mise en propos

C'EST À LA PREMIÈRE HEURE du jour ou la dernière de la nuit que j'ouvris le livre fermé – par ses pages non découpées – de Jean-Luc Parant, *Les Yeux, l'Envahissement des yeux* (Corti, 2002). Il m'a ouvert les yeux ce matin-là. Ouvert encore à l'écriture, celle de la mi-jour, celle à la lisière du visible et de l'invisible. Il est question du corps. Il est question des yeux du corps, et du visible. Comment je vois le monde avec des yeux qui parfois sont aveugles, comment toucher des yeux le monde si près et si loin. La matière du monde et la matière du corps sont mises en contact par la matière des yeux, une matière voyante pour dire le monde aux aveugles que nous sommes. Avec nos yeux nous laissons des traces, celles de leur passage sur la surface du visible, petits cailloux blancs qui sont autant de larmes du corps des yeux. Alors, avec les yeux nous pleurons pour mieux voir le monde car après le répit des larmes le monde est plus clair et le ciel plus proche de nos yeux. Et si nous pouvions toucher le ciel, écrit Jean-Luc Parant, nous ne pourrions plus le voir sans vouloir l'acheter.

céline masson

On a parfois besoin des yeux de l'autre pour voir et peut-être bien de ceux de Jean-Luc Parant pour les ouvrir un peu plus. Alors en cette heure matinale d'un jour d'été, je décidais de l'appeler pour lui dire…

Premier acte : Et l'homme créa le visage...

À LA DESCENTE DE MOÏSE du mont Sinaï[1], les deux tables de la loi en main, il ne savait pas que son visage rayonnait d'avoir parlé avec Lui. À la vue de sa face, Aaron et les Benéi Israël restèrent sans voix et eurent peur de s'avancer vers Moïse. Son visage *prit* dans les yeux la voix de Celui qui lui a parlé d'en haut. La voix sans corps a marqué le visage de Moïse et à ce moment il a su et il transmettra. Levinas écrit « Le jugement de l'histoire s'énonce dans le visible. Les événements historiques, c'est le visible par excellence, leur vérité se produit dans l'évidence. »[2] Le jugement demande une réponse et la vérité surgit de cette injonction. Un visage qui demande la vérité pour que l'autre apparaisse au monde. Les visages ne mentent pas car ils sont nus en contact direct avec la pellicule

1. *La Bible, Exode* (34, 29-35).
2. E. Levinas, *op. cit.*, p. 272.

du visible. Sans détour, Moi et l'Autre *face à face* dans le jugement de l'histoire, à faire l'histoire. Ce contact est créateur de l'humanité, il est la condition de la transmission au un par un. Le visage accueille l'étranger, le visage *autre* qui me regarde en ma demeure. *Commencer à se regarder dans les visages* dit Jean-Luc Parant, c'est commencer à exister car c'est dans la pupille de l'autre que notre image apparaît, petite mais bien présente. Rappelons le très beau passage de Platon dans *Alcibiade* où Socrate pose la question à Alcibiade de savoir « quel est l'objet tel qu'en le regardant nous nous y verrions nous-même, en même temps que nous le verrions ? » et Alcibiade de répondre : « Un miroir, Socrate, ou quelque chose du même genre. » Socrate répond que « quand nous regardons l'œil de quelqu'un qui est en face de nous, notre visage se réfléchit dans ce qu'on appelle la pupille, comme dans un miroir ; celui qui regarde y voit son image. »[1] Dans le visage de l'autre, nous nous connaissons c'est-à-dire qu'apparaît notre propre visage. La mise en abîme du visage dans la pupille le fait apparaître dans son infinité c'est-à-dire qu'il est toujours renvoi d'image. Le visage renvoie toujours à un autre visage mais à mesure que s'effectuent ces séries de renvois, le visage *s'informe*, perd ses contours. Les orifices s'ouvrent et leurs traits prennent contact, le visage devenant alors béance : c'est l'ouvert même du primitif tels que les rêves ou encore les dessins d'enfants nous le font entendre et voir. Le rêve touche à ce visage informe, primitif, un visage de *possibilisation*. Ce *face à face* crée la distance avec le monde, avec le désir. C'est parce que je vois l'autre en son visage que je

1. Platon, *Alcibiade*, trad. Chantal Marbœuf et J.-F. Pradeau, GF-Flammarion, 1999, 2000, pp. 180-181.

peux le désirer à condition qu'il reçoive mon image dans ses yeux. On ne peut pas désirer sans être reçu dans un visage même les yeux fermés mais préalablement ouverts pour accueillir. Le visage du désir qui se retire en moi après le bref contact de la rencontre. Une rencontre pour un visage. Un visage pour une rencontre. Impression évanescente. Visage survivant. Un visage pour la vie sans quoi pas de sursis. Il faudrait des droits au visage comme il y a des droits de l'homme. Chacun a droit à un visage. Si peu et pourtant il est la condition de l'humanité, de mon humanité. Pour pouvoir parler, le visage est requis, la voix résonne en lui et prend corps. Premier visage : le maternel, là où la voix résonne dans le corps de l'enfant et par quoi il prépare sa langue maternelle. La voix de la mère est l'intériorité du visage, le dessous qui le sous-tend, l'autre face non-visible. Chaque visage a sa voix mais la voix d'une mère est un visage-épiphane en constante apparition à partir de quoi il est possible d'être enseigné et de pouvoir être dit. L'enfant apprend ici son pré-nom avant son nom qui lui viendra d'un autre visage-voix. Sa première lecture, c'est le visage de la mère portant les traces de l'histoire. Le visage est la marque du temps et l'enfant apprend là à lire le temps, *tempo* de la vie. Le visage de la mère est ouvert, palpitant présentant une très grande plasticité ; il est tous les visages de l'humanité. Visage du visage, il est tout pour l'enfant. Ce visage est l'*occasion* de prendre connaissance de soi car c'est du dehors que je prends contact avec mon intériorité. Le premier autre me donne mon dedans par son visage ouvert. La première figure qui sort de ce vide pour le nouveau-né est donc le visage d'une mère, visage-regard respirant et qui donne à l'enfant la certitude

jean-luc parant

Et le monde s'ouvre aux visages pour l'enfant.

Je ne me vois pas et c'est comme si j'avais gardé de moi le visage de l'enfant que j'ai été. Je ne me vois pas pour pouvoir tenir devant moi les yeux ouverts sans jamais changer mon visage. Je ne me vois pas pour toujours porter le visage de la première fois. Je ne me vois pas pour rester vivant. Ce qui me montre à moi-même ne m'a jamais rien montré d'autre sur la terre. Les yeux que j'ouvre pour me voir sont restés ouverts sur moi depuis le premier jour. Je suis né, j'ai vu le jour et je me suis vu. Comme si la lumière avait été mon premier miroir, et mon visage la première image à travers laquelle j'avais vu le monde. Et dans ce miroir qui a fixé mon image d'enfant, je vois le monde qui bouge et grandit à côté de moi dans la lumière du premier jour.

Nous voyons à travers l'image de notre visage qui nous est apparue quand nous avons ouvert les yeux pour la première fois sur le monde, et à travers elle nous avons vu toutes les images.

Je ne vois pas mon visage avec la lumière du soleil qui éclaire le visage des autres hommes qui m'entourent pour garder intact mon visage dans la lumière du premier jour. Si je voyais mon visage avec la lumière de chaque jour qui passe, je ne pourrais plus le quitter des yeux. Mes yeux se poseraient à jamais sur lui, mes yeux se fixeraient sur mes yeux, mes yeux se figeraient en eux et je n'aurais pas grandi.

Je ne vois pas mon visage pour ne jamais le souiller de mes yeux. Je ne le vois pas pour que la nuit puisse tomber sur lui sans que j'en sois démuni et que je sois le seul à ne pas en être démuni. Je ne vois pas mon visage pour pouvoir fermer les yeux sans qu'il disparaisse.

Invisible visage, je ne te vois pas pour mieux voir le monde, je ne te vois pas pour que tu sois la nuit d'où je vois, la nuit dans laquelle la lumière m'éclaire pour voir devant moi.

d'exister. Dans ce regard, l'enfant trouve son propre visage et le façonne alors pour le dresser ensuite vers le monde. Il peut être la *face* du monde car il a trouvé un moule dans le maternel pour se tenir devant, la *face* haute. Le visage de la mère est un mirador sur la surface de la terre : il est pour l'enfant le premier regard posé sur le monde.

Un premier regard pour un deuxième visage. ❧*Et le monde s'ouvre aux visages pour l'enfant.* Un... deux... trois... visage. Et l'autre devient visible comme le jour. Mais dans ces autres visages, le premier est là, sous la peau respirant comme à la première heure de la vie quand le visage d'une femme devient le visage d'une mère. Le premier visage est le visage de l'Amour ; a-mère amour car il est celui qui laisse le plus de traces de larmes. Des larmes qui marquent le visage de l'*infans*, celui qui ne parle pas ou plutôt qui ne parle que dans le visage d'icelle. Ce visage apprend à parler juste en le regardant parler. Sur son front, les lettres de la vie et les mots de l'amour. Après, les phrases dans le deuxième visage... Et ainsi est-il. Commençons-nous ainsi par regarder dans les visages pour apprendre à parler. Puis, à mesure que nous parlons et que nous voyons, ils disparaissent de la pellicule du visible pour demeurer dans les plis de la mémoire. Parfois même ils apparaissent au cours d'un rêve, dans un arbre et l'arbre est majestueux, dans un animal et il est gracieux, dans le ciel et le ciel est bleu, dans des personnages et ils sont amoureux. Les rêves ramènent les visages à leur surface et les raniment après un long sommeil. Un visage ne s'oublie pas et si on ne le voit pas c'est qu'il est dans un coin d'ombre, il se repose d'avoir été trop vu.

Plus nous sommes loin des choses que nous croyons, plus elles nous apparaissent vraies.

Dans un espace sans fin, tout est à sa taille réelle. Le soleil à sa taille n'existe que dans un monde en feu et sans vie. Il n'y a pas de taille réelle des choses sans qu'il y ait la mort. Avec le soleil à sa taille réelle nous n'existons pas. Le soleil n'est pas un million trois cent mille fois plus gros que la terre car un million trois cent mille fois plus gros que la terre, le soleil ne brille plus, il brûle. Un million trois cent mille fois plus gros que la terre, le soleil n'est plus que dans un monde sans espace et sans mouvement, le soleil n'est plus dans un monde sans fin mais dans un monde mortel. Le soleil dans l'univers infini n'est pas plus gros que notre poing car dans un infini tout est sans mesure.

Dans un espace sans fin, la taille apparente est la taille réelle, car tout est loin et inaccessible, tout est loin et intouchable. Dans un espace sans fin, la taille de ce que nous voyons se mesure de loin, et du plus près d'où nous mesurons ce que nous voyons, plus près nous sommes de sa taille exacte.

Dans un espace sans fin, les images sont des matières, l'intouchable est touché, les apparences sont des réalités, les distances que nous mesurons à l'œil nu sont les vraies distances.

Calculer la taille réelle du soleil c'est mesurer sa taille définitive, c'est l'éteindre. Le soleil ne se mesure pas sans en perdre sa chaleur et sa lumière. Définir sa dimension c'est le déplacer dans un monde avec un début et une fin, c'est oublier le mouvement et l'espace qui l'entourent, c'est oublier la nuit infinie dans laquelle il brûle et qui fait que son feu devient la lumière qui éclaire le monde.

Le soleil tient entre deux doigts et c'est cet espace entre nos doigts qui est la vraie dimension du soleil. Le soleil ne mesure pas plus que la place qu'il tient apparemment dans le ciel et à partir de laquelle il nous éclaire. Le soleil ne mesure pas plus que la place qu'il occupe à l'œil nu dans le ciel. Si le soleil tenait une place plus grande dans le ciel, la lumière ne serait plus que de la chaleur. Si le soleil avait sa taille réelle, il occuperait le ciel tout entier et tout brûlerait. Le soleil qui nous éclaire avec sa lumière n'existe pas à une autre taille que celle qui nous apparaît à l'œil nu dans le ciel. Le soleil existe parce qu'il brûle dans un espace infini, et dans un espace infini il brille. Le soleil est en feu, mais dans le vide sans fin son feu est la lumière qui éclaire le monde.

Donner aux choses leur taille apparente, c'est leur donner la vie. Le soleil ne pourrait pas être à sa propre taille sans tout brûler. Rien ne peut être à sa taille réelle sans ne plus exister. Le soleil nous montre que tout a une autre taille pour exister et qu'à sa propre taille tout brûlerait, tout se consumerait, tout mourrait, tout disparaîtrait.

Si les choses n'existaient qu'à leur taille réelle, c'est qu'il n'y aurait pas d'espace et de mouvement pour nous en approcher ou nous en éloigner et que l'infini n'existerait pas. Si les choses n'existaient qu'à leur taille réelle, elles n'auraient plus qu'une seule taille et nous serions figés devant elles.

Rien ne peut se mesurer sans en perdre sa lumière, son image et son ombre. Dans un espace sans fin, il n'y a plus de dimensions. Rien n'est plus petit ou plus grand car tout est sans mesure. Soutenir qu'une chose est plus petite ou plus grande, c'est concevoir le monde dans un espace fini et sans vie.

Si les choses n'existaient qu'à leur propre taille, il n'y aurait pas assez d'espace pour qu'elles tiennent toutes dans l'espace qui nous entoure. Tout cacherait tout, le monde serait un immense obstacle et nous serions tous comme des aveugles dans le noir.

Seulement ce qui est en train de tomber du ciel et de chuter dans l'univers existe à sa propre taille et ne peut exister qu'ainsi. Seulement ce qui ne tourne pas dans l'espace et ne tient pas dans le vide n'existe pas à une autre taille que la sienne. Tout ce qui tombe ne peut pas changer de dimension et reste toujours à sa taille parce qu'en tombant les distances tout autour des choses se réduisent, l'espace se referme, tout est en train de quitter l'infini pour mettre fin au monde.

Dans les nuages aussi il y a des visages qui passent avec le vent. Ils sont très changeants et ils nous font signe sur la surface de la terre. Si seulement nous pouvions les toucher, caresser leur peau blanche, leurs formes floconneuses. Nous prenons l'avion parfois pour les voir d'un peu plus près mais ils ne nous font plus signe car d'un peu trop près ils ne sont plus visages. Il vaut mieux alors garder la distance qui nous fait croire un peu plus. **Plus nous sommes loin des choses que nous croyons, plus elles nous apparaissent vraies.* Alors pour croire, il faut voir de loin. Et plus les visages sont loin plus nous les aimons car ils ressemblent à nos rêves. Aux rêves d'en-bas qui nous font monter dans le ciel, sans avion. Les rêves sont la bordure du visible qui nous donne la distance avec le monde. Ils sont une lucarne sur le monde. Par les rêves qui ramènent les visages nous voyons le monde que nous n'habitons qu'en surface. La surface de la terre est la demeure des humains mais son fond nous échappe comme tout ce que nous ne voyons pas. Les rêves sont une autre vue et ils nous font voir des terres insoupçonnées un peu plus éloignées de notre champ de vision. Par les visages des rêves, nous voyons en profondeur et avons de multiples points de vue. Des visages pour des rêves et des rêves pour une autre vue.

De la feuille blanche du peintre surgissent aussi des visages et des questions. À chaque visage sa question et à chaque feuille peinte une galerie de portraits. Devant les visages « machinalement » apparus sur le papier, Michaux avance (au moins) cinq questions-réponses enchâssées. / I. Ces visages, « est-ce

moi [...] ? Sont-ce d'autres. [...] Ne seraient-ils pas simplement la conscience de ma propre tête réfléchissante ? »[1] Les visages de l'en-face, *vis* du latin *visus* « aspect, apparence », vue sur l'au-dedans de visages qui habitent le sujet, ces visages de loin comme des empreintes qui viennent dans la matière de l'image occuper l'image, lui donner texture et contexture, pour l'émergence d'un lieu : le lieu du visage retourné *face* à celui qui regarde, *face* au regard qui une fois de plus prendra empreinte(s) de ce lieu jusqu'à le vider. *Viser* (prendre en vue disait Hegel) pour vider jusqu'à l'épure c'est-à-dire le trait. Le visage se fabrique à partir de la plasticité des « impressions » (Michaux) mais surtout des souvenirs et réminiscences, ces ombres du souvenir qui forment ou déforment la *face*. Dans quelle mesure l'art touche au visage, plus encore est déterminé par le visage qui donne le trait comme on donnerait le *la* ? Un visage « frappe en soi » (Bellour) et la ressemblance du portrait n'est pas « de structure avec le modèle » mais « presque hallucinatoire » (Michaux). Ce « fantôme intérieur », le « double », saisis par le trait, peuvent-ils ainsi *rendre* les affects ? Affects séparés de leurs représentations lors de certains traumatismes. Rendre visibles les « émotions », « ces parcours bizarres appelés sentiments » (Michaux cité par Bellour), « peindre l'homme intérieur "en dehors de lui",... "peindre son espace" » (Bellour). *Rendre l'image* « pour crier, crier malheur, crier détresse, crier délire, crier tout ce qui crie à ce moment et veut se jeter au dehors » (Michaux). Michaux a pu saisir l'*à-vif* en mots et en

1. R. Bellour, « Combats-sans fin », in *Henri Michaux, peintures*, Gallimard, Paris, 1993, pp. 280-281. Les citations de Bellour sont de Michaux dans « En pensant au phénomène de la peinture ».

images par une langue – la peignante, l'écrivante – qui redonne la tenue des visages mais encore le lieu du souvenir sans lequel ce dernier erre en fantôme.

Par la verticalité du *subjectile* se redressent les visages et nous pouvons alors les regarder droit dans les yeux. L'art crée du regard pour retrouver les visages perdus dans la mémoire. L'acte optique vise à retrouver la *présence* par le contact d'images, images en recomposition et toujours hallucinées d'une part et images de la réalité d'autre part. Et quand la *présence* se fait sentir au contact, les images qui l'ont amenée se retirent et le sujet peut alors engager son regard. Regarder, c'est témoigner de la présence en apparition sur la pellicule du visible. Regarder, c'est encore ramener les traces d'un passé dépassé au sens où il n'est pas le présent passé mais une nouvelle composition d'un passé à partir de la réinscription des traces dans une modalité temporelle originale. Se souvenir, c'est aussi prévenir la perte du visage par sa *défiguration*. Devant la feuille blanche du peintre, apparaissent quelques fois des monstres ou des personnages inhumains mais l'inhumain n'est pas le non-humain mais au contraire c'est *in* humain, dans l'humain, au cœur même de l'humain. L'in-humain est ce qui anime l'humain, c'est un processus d'animation psychique, d'où l'idée du néologisme "inhumanimation". Ceci revient à dire que l'informe, qui est la déchirure même de la ressemblance, le risque symptomal du déshumain, fait travailler les formes ou figures humaines. Le passage d'une forme à une autre nécessite le travail de l'informe qui désorganise la matière afin de prévenir toute inanimation, toute glaciation psychique.

**C'est ce vide de l'inconnu que le peintre cherche à faire apparaître car c'est de là que vient la lumière du visage.*

Le visage inconnu ce n'est pas seulement le visage de celui que nous n'avons jamais rencontré, c'est surtout le nôtre. C'est la tête des hommes ou des femmes que nous ne voyons pas qui ressemble le plus à la nôtre. C'est la tête des femmes ou des hommes que je n'ai jamais vus qui est ma tête. Ce sont les hommes ou les femmes que je ne rencontrerai jamais qui portent ma tête sur leurs épaules. Les femmes ou les hommes que nous ne connaissons pas, que nous ne verrons jamais, que nous ne croiserons pas, ont le même visage que le nôtre.

Nous ne nous voyons pas nous-même pour que le monde soit visible, pour que la nuit sur nous lève le jour devant nous. Nous ne nous voyons pas nous-même pour que le monde ne disparaisse pas. Nous avons disparu devant nous pour ne pas disparaître de la surface de la terre.

C'est quand je ferme un œil que j'aperçois un peu de mon visage, et que je distingue alors un côté de mon nez. C'est quand je ferme un œil que je vois une courbe qui prend départ au bout de mon nez et qui prend fin à l'extrémité de mon sourcil. Comme si je regardais dans une longue-vue et que j'étais si loin de moi que je ne me voyais pas, ou que je regardais dans un microscope et que j'étais si proche de moi que je ne voyais rien de mon visage.

Devant mon visage, je suis comme devant un trou de serrure : je ferme un œil et je commence à voir le bout de mon nez, comme si j'étais derrière une porte et que j'étais caché à moi-même.

On dirait que je ne vois pas mon visage pour ne jamais pouvoir le définir mais l'imaginer différemment indéfiniment. On dirait que je ne me vois pas afin d'avoir de moi la vision la plus juste et que mon visage ne soit pas la proie de la nuit et de mes yeux. Que mon visage ne disparaisse pas devant moi la nuit ou n'apparaisse pas devant moi le jour. Je ne me vois pas pour rester moi-même sans me transformer en un autre devant moi.

Je ne me vois pas pour que mes yeux soient toujours là, sans cesse, sans interruption, ni visibles ni invisibles pour moi-même, simplement là présents, trouant, ouvrant mon visage dans la lumière, me projetant très loin devant moi pour emplir le monde.

Quand je vois, j'immobilise tout ce que je vois, mais pas mes yeux. Mes yeux, eux, bougent toujours parce que je ne peux pas les voir quand je vois. Quand je vois mes yeux dans un miroir, j'immobilise mes yeux mais pas le monde qui m'entoure. Le monde, lui, bouge toujours autour de moi parce que je ne peux pas le voir quand je vois mes yeux, parce que je ne vois que mes yeux quand je vois mes yeux.

Quand j'ouvre les yeux, je vois avec tout ce que je ne peux pas voir de mon visage. Devant un miroir, je vois avec tout ce que je ne peux pas voir du monde. Quand je vois mon visage dans un miroir, je ne vois pas plus du monde que je ne vois de mon visage quand je vois le monde. Quand j'ouvre les yeux, mes yeux sont tout ce que je ne vois pas. Mais quand je vois mes yeux dans un miroir, c'est le monde qui est tout ce que je ne vois pas.

Il y a toujours quelque chose que nous ne voyons pas. Il y a toujours la nuit dans le jour. Le jour, nous voyons le soleil, mais nous ne pouvons pas voir nos yeux. Le jour, nous ne voyons pas par le soleil que nous voyons, nous voyons par nos yeux que nous ne voyons pas.

Si je ne vois qu'une infime partie de mes yeux quand mes yeux sont ouverts et que je ne vois que l'infime, je ne vois pas non plus l'infini de mes yeux quand mes yeux sont fermés.

Les yeux de l'homme se cachent devant les yeux de l'homme comme l'univers se cache devant eux.

L'art est ce qui prévient le dessèchement du visage car chaque feuille peinte est une nouvelle peau qui arrive au visage. Le peintre met tout en œuvre pour canaliser le jaillissement de création qui le soulève et le mène vers des terres inconnues. *C'est ce vide de l'inconnu que le peintre cherche à faire apparaître car c'est de là que vient la lumière du visage.* Du vide il s'agit de faire émerger un espace réel impliqué dans un rythme surgi de rien (ce rien qui n'est pas rien). Ce tremblement de vérité apparaît sur les visages peints. Toute rencontre avec un visage est sur-prenante et celui qu'elle surprend le fait là où il se découvre à la fois présent et absent dans une ouverture qui ne lui est que vertige. Le peintre continue à chercher les visages qu'il porte en naissant. Il n'y a pas de langage d'images sans visages car il n'y a pas de langage sans corps. Par les visages, l'esthétique devient éthique car c'est par le vide de l'œuvre que l'existence de l'homme entre en présence. Et le visage donne à l'œuvre une profondeur respirante, un courant de vie sur une surface plane. Il faut des œuvres pour se faire un visage comme il faut un visage pour créer et regarder. Nous regardons l'œuvre dans les yeux et le tableau nous regarde là où on le voit c'est-à-dire d'un lieu *a-patride* qui n'est pas le sans-patrie [1] mais l'ex-centré. Le tableau est le *Site de l'étranger* [2], demeure de toutes les langues que l'on ne parle pas mais *avec* lesquelles nous parlons pourtant. Babel des langues insues qui font parler la maternelle, celle qui est toujours une langue par défaut.

1. Je remercie Claude Maillard de m'avoir fait entendre le *a* de l'apatride.
2. Titre d'un livre de Pierre Fédida.

Des visages, viennent les mots, des mots-spectres parfois abrités dans la pénombre de notre esprit mais qui sont d'un intense éclat. Le visage est l'éclat des mots quand ils tombent juste. Ces mots de là-bas, du lieu de l'étranger en nous qui nous sont ramenés par le visage. Quand on voit un visage rempli de mots alors on peut commencer à croire. Les mots de l'oubli des autres visages qui se portent sur la pellicule visible du visage. Les mots habitent les visages et les lettres sont leurs traits, gravés en creux, les glyphes du vivant sans quoi plus de visage. Les visages sont les stèles élévées à la gloire des disparus, sépultures vivantes des morts survivants de la mémoire. Car la mémoire est toute entière dans les visages au plus profond de la peau. Le visage est l'ombre des morts, ce qui leur reste de plus vivant. Les morts qui reviennent par les visages – éternelle présence du visage fidèle à l'aimé disparu. C'est dans le visage que se dessine le contour de l'amant. On distingue d'emblée un visage qui a aimé car là bat encore le cœur donné en gage. Un cœur dans le visage qui bat, un visage qui bat dans le cœur de l'amant. Cœur et visage sont associés pour la vie dans la mémoire de l'humain car c'est par amour qu'on se fait un visage. Un visage pour l'autre tout près du cœur. Un cœur qui a perdu son visage est comme un poumon sans air, il s'essouffle et rompt le pacte de vie. La vie vaut la peine d'être visage…

Certains chercheurs ont émis l'idée que le désir de tracer, de *faire-œuvre* s'originerait dans le pouvoir des ombres dans les milieux obscurs. John Onians dans son texte « Les Grecs, les Latins et la naissance de l'art » propose un récit comme roman

jean-luc parant

** Par le représenter, il s'agit de mettre devant les yeux, de toucher par le regard la chose en question.*

Quand je vois mes yeux dans un miroir je sors de moi. Quand je vois mes yeux dans un miroir, je m'expulse de l'univers, je fais un pas infini dans l'infini. Si je ne peux pas voir mes yeux bouger dans un miroir, c'est parce que le visible n'est que l'arrêt de l'invisible. Comme si devant les yeux fermés l'invisible passait et repassait sans cesse et qu'il suffisait d'ouvrir les yeux pour l'arrêter. Comme si l'invisible n'était qu'un mouvement que seuls les yeux et la lumière peuvent, selon la longueur de leur projection, plus ou moins retenir, plus ou moins visibiliser. Comme si le visible n'était qu'un mouvement dans l'arrêt, un mouvement figé. Comme si tout était mobile et invisible sans les yeux et sans la lumière. Comme si tout bougeait dans l'obscurité et que seulement les yeux et la lumière pouvaient tout arrêter et tout découvrir. Comme si autant les yeux que les mains immobilisaient le mouvement et pouvaient produire les formes visibles qui nous entourent.

des origines de l'art, celui de Pline l'Ancien qui met en scène la fille du potier sicyonien Butadès[1] premier qui inventa, à Corinthe, l'art de faire des portraits d'argile. Alors que l'homme dont elle est amoureuse s'apprête à partir pour un long voyage, elle trace le contour de l'ombre de son visage projetée sur le mur à la lumière d'une lampe. Ému par ce geste, son père réalise un moule en argile de l'esquisse murale et le met à cuire. Selon ce texte, la peinture prendrait naissance dans ce geste d'une jeune fille à prélever l'image de l'être aimé et la sculpture dans le désir du père de satisfaire la nostalgie de sa fille par la représentation matérielle en volume de l'image. Ce mythe des origines de l'art est intéressant car il attribue les manifestations artistiques anciennes à des gestes impulsifs de représentations à partir d'ombres projetées d'un corps sur une surface. *Par le représenter, il s'agit de mettre devant les yeux, de toucher par le regard la chose en question.* Dès lors la pensée rencontre l'image. Rappelons que le mot français *image* remonte à un vieux rite funéraire romain ; *imago* signifiant à l'origine, la tête de mort découpée, et par la suite le masque de cire empreint sur son visage. On faisait passer ces têtes de mort des ancêtres (les images) à la fin du repas. Il y a aussi une vieille idée épicurienne selon laquelle les images sortent des objets pour entrer dans nos yeux, comme si on les découpait de la réalité. Ainsi il y a au commencement de l'art et des images, des visages disparus dont on aura prélevé le contour par un geste qui deviendra geste hiératique de l'artiste. En effet, ce dernier ne cesse pas de répéter ce geste ancien qui consiste à empreindre une face devenue

1. Pline l'Ancien, livre XXXV, « La peinture », *Histoire naturelle*, Gallimard, Paris, 1999, p. 363.

invisible. Le geste est désormais symbolique car le visage est absent mais c'est de cette absence-là qu'il retire sa matière. Il fait sa prise d'un visage d'air, un visage "en vide" là où il y avait un visage en chair mais dans *chair* il y a *air* et quand le *ch* se retire (le *ch* de la Chose, *das Ding*) il reste l'*air* (et l'erre) c'est-à-dire la présence fantomatique ou la forme survivante. L'art est une histoire ancienne qui témoigne de l'amour ou de la haine que les hommes se portent mutuellement. L'art est en ce sens toujours violent mais toujours vrai comme un visage car il est une opération à cœur ouvert avec le risque d'y laisser sa peau. Il est une aventure au péril de sa vie passionnément et sans filet aux extrêmes limites du possible car c'est à cette bordure-là que les fantômes errent. C'est l'invisible de la Chose qui pousse à cette limite de l'in-croyable parfois terrible parfois merveilleux comme un visage. Cette Chose qui pointe le bout du nez et c'est le vertige ou l'angoisse... ou l'image du créer.

Parfois encore cette image de la Chose apparaît par le visage du monstrueux. Le monstre témoignerait-il de l'anachronisme propre à la mémoire ? Comme figure de mémoire, il travaille contre la disparition des traces et comme forme extrême d'inhumanité, il travaille pour l'humanité, vers l'humanité du visage. C'est par l'exagération de ses contours et de ses traits, ses disproportions et ses *aberrances*, sa contredanse et la laideur de sa face que le monstre est le plus proche du rythme propre au psychisme. Il est la face visuelle du symptôme qui apparaît en hallucinations scopiques et interrompt les représentations. En ce sens, il déjoue à la fois le cours des événe-

Ces hommes ont anéanti l'humanité, ils ont fait shoah.

Nous ne pourrions pas vivre dans un monde où tout serait à sa taille réelle car c'est que nous serions non pas entre la terre et le ciel, dessus ou dessous, non pas près ou très près, mais au-dedans de la terre et du ciel, profondément enfouis à l'intérieur du monde. Et c'est que rien ne serait apparu sous le soleil.

Quand nous sommes morts, nous sommes à notre taille, nous mesurons exactement les dimensions de nous-même comme si nous étions entrés en nous. Allongés, nous sommes plus proches de notre taille réelle que lorsque nous sommes debout. Si le monde mourait il serait à sa propre taille, le monde n'aurait plus d'espace pour que nous puissions l'approcher, pour que nous puissions nous en éloigner, le soleil apparaîtrait dans le ciel à ses propres dimensions, tout brûlerait.

Quand une chose se casse, elle trouve sa taille exacte. Quand les hommes détruisent le monde, ils donnent au monde un début et une fin, ils donnent au monde sa taille. Le monde se fige pour entrer en lui, les étoiles deviennent énormes et entrent dans le soleil qui se gonfle et emplit le ciel pour s'introduire dans la terre.

L'infini permet au monde de ne jamais rester à sa taille initiale, que les choses qu'il contient soient sans cesse en mouvement, qu'elles apparaissent et disparaissent sans cesse et restent vivantes. Il y a l'infini parce qu'il y a le lointain et le proche, parce qu'il y a la vie et la mort. Dans un monde où il y aurait un début et une fin, il n'y aurait pas de mouvements parce qu'il n'y aurait pas de distances assez grandes. Il n'y aurait ni vie ni mort. La vie et la mort n'existent que dans un monde sans début ni fin. Il n'y a pas de début à la vie ni de fin à la mort.

ments conscients par l'insistance de sa présentation : ce sont des événements diacritiques. Cette figure du monstre est l'étrange conjonction de temporalités hétérogènes qui s'entrecroisent lors du choc des plaques mémorielles entre elles. Le monstre n'est que l'envers de la face ramenant les traits d'un visage lointain déformé par le temps propre au travail de mémoire. Avec le temps, les visages de mémoire se déforment et parfois s'altèrent et la figure du monstre les ramènent telle que la mémoire les a laissés. On doit faire confiance aux monstres pour nous dire le vrai du visage car ce sont les témoins de l'activité des lieux les plus retirés de notre mémoire. Le monstrueux est profondément humain mais l'humain n'a pas forcément face d'homme, il peut ne plus être homme c'est-à-dire ne plus avoir de visage, un visage qui vous regarde et vous considère, qui peut vous aimer et vous haïr. Il y a des hommes qui ont perdu le visage d'avoir voulu trop croire jusqu'à en perdre leur dignité et leur face d'humanité. Ces hommes-là sont restés hommes mais déshumains en aucun cas des monstres, des hommes déshumains… *Ces hommes ont anéanti l'humanité, ils ont fait* shoah.

Le système nazi a dépossédé l'humain de ses traits en pompant et broyant par des stratégies très précises les caractéristiques distinctives de sa subjectivité, de ce qu'on nomme identité : nom et prénom devenus numéros, appartenance religieuse ou politique, biens personnels, vêtements, citoyenneté, jusqu'au corps devenu « marchandise » ou « pièce » (« *eine Stück* »). Les S.S. se refusaient à nommer les corps martyrisés des « cadavres » ou « corps » mais les appelaient des *Figuren*, des figures,

des mannequins[1]. Comment considérer des hommes qui ne sont plus des individus mais une « masse » (propos du commandant de Treblinka) ? Le peintre Zoran Music a traduit par le trait ce retrait de l'humain de son corps, sa désaffection et la perte de la langue. Les corps se confondent alors avec le minéral, réduits à l'horizontalité et à la dissolution à même le sol. D'où ses « paysages de cadavres » qu'il compare aux monticules des charniers des géologies ravinées de son pays natal. L'homme perd la face, le visage et ses traits qui lui donnent un regard, qui le distingue et le spécifie comme sujet. Robert Antelme écrivait : « Il faut être lisse. »[2] Le visage n'est plus en ces lieux de suspension du vivant, tout y est « lisse » et la matière poussée à son extrémité. Music tente de représenter le visage, du moins ce qui reste afin de le reconstituer et le sauver de la perte, hétéronomie de la survie, de ce pousse à vivre qui prélève à même la mort le visage de la sur-vie. À quel autre visage ces visages le renvoient-ils ? À quelle autre mort ? Il dit qu'il cherche l'essentiel. Music utilise le qualificatif d'« énorme » pour désigner cette vision d'horreur qui le côtoyait de si près. L'énorme, c'est aussi bien, écrit Jean Clair, l'écart par rapport à la norme, l'anomique ; « L'énorme, c'est l'*hybris* de la vie concentrationnaire. “Un peintre ne pouvait pas regarder tout ça, dit-il, c'était si énorme, si énorme”. »[3] L'énorme est ce qui abuse la vision, l'écarte en brisant le regard qui ne peut contenir cet excès sans en pâtir. Cet « énorme » saisit et suspend la voix qui

1. G. Agamben, *Ce qui reste d'Auschwitz*, Payot et Rivages, Paris, 1999, p. 61.
2. R. Antelme, *L'Espèce humaine*, Gallimard, Paris, 1957, p. 241.
3. J. Clair, *La barbarie ordinaire – Music à Dachau*, Gallimard, nrf, Paris, 2001, p. 92.

jean-luc parant

Après ce saut dans le visage de la mort il paraît difficile de poursuivre.

Quand nous voyons nos yeux dans un miroir, nos yeux ne bougent plus parce que tout a disparu devant eux. Nos yeux ont remplacé le monde.

Je ne vois pas mes yeux. Et si dans un miroir je les regarde, je ne les vois pas bouger, je les vois figés comme si je regardais les yeux d'un mort. Comme si quand je regarde les yeux d'un mort ce sont mes yeux que je regarde dans un miroir. Comme si les yeux des morts étaient le miroir de nos yeux. Comme si nos yeux que nous regardons dans un miroir étaient les yeux de notre mort. Comme si, vivants, nous ne pouvions pas voir nos yeux vivants. Comme si devant nous tout vivait sauf nos yeux devant nos yeux. Comme si dans la mort tout était mort sauf nos yeux dans notre corps. Comme si dans la mort les hommes voyaient leurs propres yeux comme ils voient les yeux des autres femmes et des autres hommes. Comme si dans la mort ils voyaient l'invisible, ils voyaient le soleil qui ne les éclaire pas.

Même si nous nous regardons dans un visage, à travers les yeux d'un autre homme ou d'une autre femme, nos yeux sont si loin que nous ne voyons que deux taches noires dans ses yeux.

Quand je regarde mes yeux dans un miroir c'est comme s'il faisait nuit noire sur moi. La nuit la plus totale, l'obscurité la plus profonde que je peux avoir devant les yeux, c'est quand je regarde mes yeux.

alors ne peut plus nommer, narrer, raconter l'événement (c'est là toute la problématique du témoignage impossible du trauma) qui renvoie au monstrueux. Music éprouve en urgence cette nécessité de faire ce travail de mémoire par le travail d'images comme un dernier recours pour sa *sur-vie* et qui en appelle à la culture, à ce bien commun qui nous donne un visage pour faire *face* et rend possible la conservation du vivant en donnant aux morts une sépulture fût-elle par l'image.

Après ce saut dans le visage de la mort il paraît difficile de poursuivre. Pourtant c'est la condition du vivant de reprendre ce souffle de vie. Continuer l'écriture après l'anéantissement, c'est continuer l'humanité de l'homme mais écrire aussi avec ce possible de l'anéantissement, telle est la gageure de l'écrivant. Et continuer à voir avec ces yeux que nous racontent Jean-Luc Parant, ces yeux qui nous font voler : « Voler ce n'est rien d'autre que voir avec des yeux qui nous projetteraient dans le ciel. Les ailes sont la suite de nos yeux. Après nos yeux nous aurons des ailes. »[1] Si nous pouvons voler avec nos yeux alors nous pouvons donner un visage à l'autre pour qu'il puisse voler aussi de ses yeux. Si nous pouvons voler avec nos yeux nous pouvons rêver avec notre visage et l'ouvrir à l'autre. Le rêve est la condition de l'humain comme le vol est la condition de l'oiseau. En rêvant nous volons comme il rêve en volant. Question d'altitude…

« *La vue tire de l'oubli, nous rappelle un monde enseveli,*

1. J.-L. Parant, *Les Yeux – L'Envahissement des yeux*, José Corti, Paris, 2002, p. 290.

jean-luc parant

**Mais ce n'est là qu'une face du visage car l'autre face est tournée vers l'intériorité de l'être et nous ne la voyons qu'à de rares occasions.*

Si nous ne pouvons pas voir nos yeux c'est parce qu'ils nous ont projetés trop loin devant eux et qu'ils ont disparu derrière nous. Depuis nous fermons les yeux pour nous retourner vers eux et nous ne voyons que deux trous noirs. Nous avons tant avancé devant nous que nous avons perdu de vue nos yeux derrière nous. Nous avançons pour nous approcher et toucher devant nous, mais nous avançons aussi pour nous éloigner et voir derrière nous.

S'il n'y a pas plus près de moi que ma peau, il n'y a pas plus loin de moi que derrière elle. Comme si j'étais arrivé à m'éloigner tant de l'intérieur de mon corps que je l'avais oublié jusqu'à ne même plus pouvoir toucher mes yeux, les seules ouvertures par où je peux passer derrière ma peau.

Si l'homme met le monde à une autre dimension pour pouvoir y vivre, il met aussi son corps à une autre distance. L'homme se sépare du monde et de son corps dans lesquels il est pour pouvoir exister. S'il ne s'était pas éloigné du monde, le monde l'aurait brûlé, et s'il ne s'était pas éloigné de son corps, il ne l'aurait pas supporté. La circulation de son sang, le battement de son cœur, les bruits de son ventre l'auraient rendu fou.

tout est exhumé, rendu manifeste, proposé au regard, lancé au visage. Le monde s'impose, fait preuve de certitude, hurle son existence, tout se lève et crie sa présence. »[1] Le visage est ouvert au monde mais le monde vient au visage avec son ciel et sa terre. Il peut aussi crier au visage et le visage s'assombrit, comme le monde. Les tons du visage dépendent de la manière dont tourne le monde. Les visages sont à l'image de la conjoncture du politique et nous comprenons une nation en regardant les visages qui la composent. *Mais ce n'est là qu'une face du visage car l'autre face est tournée vers l'intériorité de l'être et nous ne la voyons qu'à de rares occasions.* Lorsque nous parvenons à la voir, c'est que nous avons pénétré dans l'intimité de sa demeure et nous avons gagné alors la confiance de notre hôte. Le visage de l'intime est la perle de l'huître qui ne s'ouvre que si un rayon de soleil annonce un temps favorable. Les événements sont de puissants marqueurs du visage, ils les creusent comme le calame sur la cire pour écrire l'histoire. L'histoire se lit sur les visages et certains par leurs nombreux sillons sont de véritables encyclopédies. On apprend à lire sur les visages pour comprendre le monde comme on apprend à lire sur les livres pour s'ouvrir au visage. Question de grains…

Le visage est la contraction des émotions, le pôle d'une spirale dont la jouissance trace l'enroulement vers soi des autres visages qui le regardent. Le visage de l'autre me *contacte* et y trace sa jouissance si bien que mon visage est le recueil de la somme des jouissances qui s'y produisent. Ils se modifient sans cesse au contact du visage de l'autre. Le visage de l'autre est

1. *Ibid.*, pp. 298-299.

jean-luc parant

Le visage est associé à la mémoire.

Nous n'avons jamais vu la plupart des hommes ou des femmes ou des enfants que nous croisons sur notre passage et pourtant, si nous les regardons comme si nous ne les avions jamais vus, nous ne les regardons pas comme si nous ne les reconnaissions pas. Je reconnais tous les hommes parce qu'ils habitent tous sous le même soleil que le mien, et que nous faisons tous ensemble les mêmes tours autour de sa lumière. Je pourrais aussi reconnaître tous les hommes qui sont apparus sur la terre depuis que l'homme existe. Je reconnaîtrais leurs yeux qui ont porté la lumière qui éclaire le monde en mille lieux sur la terre, et à travers eux, je reconnaîtrais aussi la forme de leur esprit qui a pensé le monde où je vis. Nous reconnaîtrions le soleil. Comme si nous portions dans notre mémoire tous les hommes, femmes et enfants, tous les êtres qui ont vu et touché le monde.

comme une main qui le caresse et fait l'épreuve de sa tissure. Cette main trace des signes et transmet une pensée, elle fait un don qui contient un secret, celui du visage qui se donne dans son extériorité. C'est par une main qui donne que mon visage se fait visible et c'est par le visage qui reçoit que la main trace des signes. Un visage pour une main, une main vers un visage…

Le visage est associé à la mémoire. La remémoration d'un visage a comme contrepartie nécessaire l'oubli du visage présent. Un visage pour un autre… L'ombre de l'un cache l'autre le temps du souvenir. Le visage de l'oublié est tel un vagabond exilé de la surface du visible, il erre dans la nuit de la mémoire jusqu'au moment de l'appel. L'appel du visage se fait sur la place du temps.

Il y a des visages qui, chaque fois qu'on les revoit, semblent révéler quelque trait nouveau que l'on n'avait pas encore remarqué jusque-là, bien qu'on les connaisse depuis longtemps. Les visages dissimulent dans leurs plis des traits insoupçonnés qui se révélent un jour à l'occasion d'une expression particulière. C'est la vie du visage qui nous révèle l'être qui le porte mais les visages changent comme les jours. Tantôt gris et bas, tantôt clairs et ouverts, tendus vers l'autre ou encore nuageux avec éclaircies mais dont les gros nuages nous prédisent le pire. Le visage est le temps de l'être, le baromètre de la vie intérieure. Il faut craindre les trop grandes sécheresses, l'humidité est plus favorable mais cela dépend des saisons, des saisons de la vie. Quatre visages pour quatre saisons. À l'automne, les visages perdent leurs larmes et le vent les essuie, le visage est

rouge comme les yeux d'avoir pleuré, d'avoir aimé une ou deux saisons. L'hiver ferme les visages pour les garder chauds, ils sont blancs comme la neige qui ne tombe pas ou plutôt gris comme le ciel gonflé de ses flocons. Quand certaines années elle vient à tomber alors les visages la regardent grand ouverts le temps de la neige. Les visages, en prenant le blanc dans les yeux, deviennent rouges non pas de froid mais de joie de voir cette pellicule blanche recouvrir la surface de la terre, la déguiser pour jouer avec nous. Les enfants jouent avec la terre déguisée de blanc et leurs mains deviennent rouges d'avoir pris le blanc de la neige. Quand fond la neige où va le blanc demandait-il. Il va au visage éteindre le rouge de la joie et refermer les visages jusqu'à la prochaine neige. Elle est un interlude dans le programme de l'hiver. Un œil puis deux s'ouvrent au printemps timidement encore et avec eux la bouche pour quelque mélodie appelant les autres organes des sens à s'éveiller au monde du printemps. Tous les organes vont au balcon du visage pour recevoir les couleurs et les odeurs. Un visage pour accueillir le printemps… L'été, les visages sont héliotropes. Ils sont tournés vers la lumière du soleil jusqu'à la dernière heure du jour. Les visages lui rient au nez et ses rayons leur répondent par coups. Un coup de visage pour un soleil, un coup de soleil pour les visages de l'été.

jean-luc parant

L'œil est le commencement du visage et une fenêtre sur le monde.

Quand nous voyons un visage, nous voyons d'abord ses yeux. Les yeux sont ce qui éclaire le visage de l'homme car ils sont ce qui l'identifie comme s'ils nous faisaient entrevoir un monde qu'ils sont seuls à éclairer.

Je vois mais je ne vois pas mes yeux parce que mes yeux sont les ouvertures par lesquelles s'engouffre l'univers tout entier. Je ne vois pas mon visage, je ne vois rien de mon visage, comme s'il fallait que je ne le voie pas pour être le seul homme sur la terre à ne pas le voir. Comme si je ne le voyais pas pour être le seul au monde à ne jamais pouvoir détruire son image.

Je ne vois de mon visage que le bout de mon nez comme si l'infime vision que j'ai de lui me cachait une infinie partie du monde.

Je ne pourrai jamais me tourner vers mon visage, je ne pourrai jamais me tourner vers mes yeux car mes yeux m'engloutiraient en eux, je glisserais derrière eux, je tomberais en moi dans la nuit sans fin. Je ne pourrai jamais me tourner vers mes yeux car ce serait me détourner du monde et de la lumière, ce serait me mettre dos à la terre et au ciel, ce serait être face au vide infini. Comme si mon visage et mes yeux que je ne peux pas voir représentaient ce que je ne peux pas voir des visages et des yeux que je vois, ce que je ne pourrai jamais voir des visages que je vois et des yeux qui me regardent. Comme si mon visage et mes yeux que je ne vois pas représentaient ce que je ne peux pas voir de ce que je vois, ce que je ne pourrai jamais voir de ce que je vois. Comme si mon visage et mes yeux que je ne vois pas représentaient le fond, l'intérieur, l'essence même de tous les visages et de tous les yeux que je vois.

J'ouvre les yeux et je m'éloigne si loin que je deviens si petit que je peux entrer dans mes yeux pour me projeter partout autour de moi, comme si le monde était le ventre où je me développe et où je grandis dans l'univers.

Deuxième acte :
Une voix et des yeux pour un visage

Quand le visage fut créé, il lui fallut une voix pour l'animer. Et la voix sortit par la bouche du visage pour lui ouvrir les yeux. Ainsi s'anima le visage…

« De la figure humaine ». Léonard de Vinci. « Quel est le nerf qui détermine le mouvement des yeux et fait que l'un entraîne l'autre ? / De la fermeture des paupières. / Du soulèvement des sourcils. / De l'abaissement des sourcils. / De la fermeture des yeux. / De l'ouverture des yeux. / Du retroussement des narines. / Du desserrement des lèvres quand les dents sont serrées. / De la moue. / Du rire. De l'étonnement. / »[1] Le commencement du corps.

L'œil est le commencement du visage et une fenêtre sur le monde. La main ensuite fut créée pour le protéger. Et l'homme mit la main à ses yeux devant l'épouvante. Pour faire écran à l'objet de sa terreur.

Il est rare de parler les yeux fermés mais nous les fermons parfois quand nous nous taisons. Ce n'est qu'autant que

1. *Les carnets de Léonard de Vinci*, Tome 1, Paris, Tel, Gallimard, 1942, p. 167.

jean-luc parant

*_L'homme a créé le visage pour parler et toucher l'autre sans les mains._

Je ne vois pas mon visage avec un miroir, je le vois avec mes mains. Mes mains sont un miroir, mon miroir de la nuit dans lequel je me vois les yeux fermés sur moi. Si je voyais ma tête avec mes yeux ouverts, je ne verrais pas la terre sous mes pieds car la vision de mon visage me cacherait le monde devant moi. La vision d'un autre monde me cacherait le monde des autres.

Je vois mon visage dans mes paumes, je vois ses traces dans les lignes de chacune de mes mains, je le reconnais dans les empreintes de mes doigts. Je vois mon visage avec mes mains pour ne pas toucher le monde et ne pas le marquer de ma nuit, mais le voir avec mes yeux et le marquer de mon regard. Je vois parce que je ne me vois pas moi-même, et qu'à la place de toucher le monde que mes mains ne reconnaîtraient pas, je me touche à l'endroit où l'on me reconnaît pour faire le jour devant moi. Et dans mes mains se réfléchit mon visage.

l'homme parle qu'il ouvre les yeux et que son visage l'accompagne. **L'homme a créé le visage pour parler et toucher l'autre sans les mains.* En parlant nous sommes en *contact* avec le visage de l'autre qui ouvre les yeux pour recevoir les paroles. Les paroles ne se boivent pas mais restent à la surface du visible comme autant de cailloux blancs, repères indispensables pour nous guider sur la surface de la terre. Le visage émet la parole pour ouvrir le corps et se retire laissant la voix au-devant pour dire et ne pas dire. Le visage est là pour veiller à garder le secret, c'est pour cela que le dispositif de la cure psychanalytique par le retrait des visages permet l'émergence de l'intimité de la parole. Le visage du patient est soustrait de la présence du visage qui l'entend pour dire autrement les paroles. Ainsi, le sujet parle pour un visage absent du champ scopique et sa voix le rejoint par la mélodie s'échappant du corps ouvert. Alors tous les sons jouent leur danse et les voix font leur scène. Entrer dans la danse… La scène analytique est le lieu par excellence de la présence des voix. L'*infans* entend les voix et les reçoit dans son corps ouvert. Première *lalangue* et première danse avec les visages. Les voix montent et descendent sur l'étendue de la gamme temporelle. Les voix, par leurs différentes tonalités, transmettent l'histoire et l'*infans* y répondra avec son histoire à lui. Les voix peuvent avoir des couleurs et elles colorent le visage de l'enfant. Mais une voix blanche n'a pas de couleur pour le visage de l'enfant qui restera blanc comme celui de l'ange. Certaines mères aiment les anges, les collectionnent mais l'enfant, même s'il en a le visage, n'est pas un ange. Si la mère le croit, il chutera… et d'ange il sera bête féroce : à trop faire l'ange on fait la bête.

L'espace parcouru est l'espace rendu visible pour les yeux : c'est en marchant que l'on apprend à voir.

Nous voyons et nous touchons le monde plus petit ou plus grand qu'il n'est réellement car le monde bouge, nous bougeons, nous marchons. Le monde est en mouvement, le monde est vivant, nous sommes vivants. Tout change sans cesse de dimensions pour pouvoir entrer dans tout, sortir de tout et se reproduire pour se multiplier et trouver place dans l'infini en expansion.

Nous voyons et le minuscule surpasse l'énorme, la main cache le soleil. La vue peut faire entrer l'infini dans l'infime et l'infime dans l'infini et les faire se contenir entièrement l'un par l'autre. La vue peut faire entrer le soleil par les fenêtres, et les yeux dans le ciel de la nuit.

Nos yeux bougent et font des milliers de kilomètres sur ce qu'ils voient. Nous faisons un pas avec nos jambes, et nos yeux en font mille sur ce que nous voyons. Tout est visible dans l'infini car tout peut tenir sur d'infimes espaces. Seulement dans l'immobilité totale le monde serait à sa taille réelle. L'infini ne pourrait plus devenir infime, l'infime devenir infini, et rien ne pourrait plus entrer et sortir, s'accoupler, apparaître et disparaître.

Le monde bouge et nous bougeons, nous marchons pour que l'infime soit plus grand et l'infini plus petit, pour que nous puissions vivre ici dans un monde à notre portée. Si nous ne marchions pas, si le monde ne bougeait pas, c'est qu'il n'y aurait pas d'espace. Et sans espace pour s'approcher ou s'éloigner, rien ne pourrait changer de taille et passer du plus petit au plus grand, du plus grand au plus petit, de l'infime à l'infini et de l'infini à l'infime. Tout serait à sa propre taille. Mais dans un monde immobile, il n'y aurait pas assez de place pour que les choses aient des dimensions. Tout tiendrait concentré dans une seule petite boule pas plus grosse qu'un œil aveugle.

L'aveugle voit les voix les yeux ouverts et lorsqu'il les ferme il n'entend plus. Les yeux ouverts sur le monde de l'aveugle sont des mains à toucher les sons. Les yeux ouverts lui servent à marcher et alors il voit là où ses jambes le mènent. **L'espace parcouru est l'espace rendu visible pour les yeux : c'est en marchant que l'on apprend à voir.* Pour voir le monde, l'aveugle marche et touche le monde les yeux ouverts. C'est en ouvrant les yeux que l'on apprend le monde et c'est en le touchant qu'on le voit. L'aveugle qui a les yeux ouverts sur le monde est très près de celui qui voit les yeux fermés. Mais celui qui voit ainsi ne touche pas le monde car il croit le connaître les yeux fermés. L'aveugle aux yeux ouverts et le voyant aux yeux fermés ne parcourent pas les mêmes espaces et les mêmes distances. Le voyant est aveugle de ses mains et l'aveugle voyant par contact avec la matière. Par la voix et les mains l'aveugle voit le monde que le voyant ne peut voir car ses yeux le mettent à distance des choses que nous connaissons en touchant. Connaître le monde c'est aussi le toucher pour apprendre à le lire. L'écriture est une matière qu'il s'agit de toucher pour nous faire des images et pour apprendre à penser. C'est en écrivant sur la surface du monde que l'on apprend à raconter des histoires…

Nous voyons les yeux en plein visage car ils sont la première source de lumière et ils éclairent les paroles. Ainsi, si nous entendons, nous voyons les voix en regardant dans les yeux de celui qui parle. En parlant nous émettons de petites étincelles qui vont allumer les yeux de celui qui nous écoute. Si l'étincelle ne prend pas dans les yeux de l'autre, il ne nous

entendra pas de là où nous les émettons. Nous ne nous comprendrons pas. Nous parlons avec nos yeux comme nous parlons avec nos mains pour éclairer nos paroles et les transmettre avec tout notre corps. Quand nous parlons c'est notre corps qui parle et quand je ne peux parler avec mes mains c'est que je ne pourrai pas dire. Quand nous parlons, c'est un orchestre qui se met à jouer et si un des instruments manque, c'est toute la symphonie qui en sera affectée. Les différents mouvements de la voix nécessitent des instruments différents pour se jouer. Nous ne pouvons parler les mains liées pas plus les yeux bandés. Avec nos mains nous battons la mesure des phrases et avec nos yeux nous mettons la ponctuation. L'homme parle à sa mesure. Des yeux et des mains pour parler et pour que le monde soit encore touchable. En parlant il devient visible et se prend alors dans les mains ou dans les yeux.

Nous parlons toujours avec notre histoire et avec nos yeux. Nous parlons avec tous les vivants et tous les morts que nous portons avec nous. Nous sommes nombreux à parler lorsqu'un parle et si l'autre se met aussi à parler alors nous sommes une foule, à deux. Si nous parlons en même temps, c'est que nos morts parlent aussi dans le même temps et quand les morts s'animent il est difficile de les faire taire. Celui qui ne parle pas n'a pas avec lui ses morts ou plutôt ils n'ont pas de lieu dans sa mémoire pour se (re)poser. Alors le visage qui n'a pas de morts avec lui se ferme au monde et son visage est sans histoire. Un visage sans morts est un visage inanimé. Un visage qui parle est un visage vivant de ses morts. Question de vie ou de mort…

Nous parlons dans un visage pour un autre visage et en parlant nous laissons nos empreintes ; ainsi, nous pouvons lire dans les visages les paroles qui leur ont été adressées. Nos paroles font des traces dans les visages comme les pierres des ronds dans l'eau mais nos paroles restent et non les pierres qui coulent. Cependant, parfois les paroles trop lourdes coulent aussi dans les visages et nous les oublions à l'arrière du visage. Question de poids…

« Vous me voyez ? » – « Naturellement, je vous vois. » – « C'est bien peu, tout le monde peut me voir. » – « Mais non pas peut-être comme je vous vois. » – « Je voudrais autre chose, je veux autre chose. C'est très important. Sauriez-vous me voir, même si vous ne pouviez pas me voir ? » – « Si vous étiez invisible ? » Il réfléchit : « Sans doute : à l'intérieur de moi-même. » – « Je ne veux pas dire : vraiment invisible, je ne demande pas tant. Mais je ne voudrais pas que vous me voyiez pour cette simple raison que je suis visible. » – « Que personne d'autre que moi ne vous voie ! » – « Non, non, visible pour tous, cela m'est égal, mais vue de vous seul pour une raison plus grave, vous comprenez, et… » – « Plus sûre ? » – « Plus sûre, mais pas vraiment sûre, sans cette garantie qui rend visibles les choses visibles. » – « Alors, toujours ? » – « Toujours, toujours, mais pas encore. » »[1] Et plus loin « Si nous sommes visibles par un pouvoir qui nous précède nous-mêmes, alors il la voyait en dehors de ce pouvoir, par un droit sans lumière, et qui évoquait l'idée d'une faute, d'une faute merveilleuse. Le visage,

1. M. Blanchot, *L'attente l'oubli*, Gallimard, Coll. L'imaginaire, Paris, 1962, p. 56.

jean-luc parant

Se souvenir des visages contribue à leur présence au monde.

Si nous sommes capables de reconnaître un visage entre mille c'est parce que ses yeux voient ce que nous ne voyons pas. Comme si l'homme portait dans les yeux un monde qu'il est seul à pouvoir faire exister, un monde que seule la lumière de ses yeux éclaire. Un monde plus ou moins loin ou plus ou moins grand, plus ou moins clair ou plus ou moins sombre mais jamais à la même distance ni de la même taille ni de la même lumière que le monde des autres hommes.

Nous ne pouvons pas confondre un serpent et un oiseau comme nous ne pouvons pas confondre la tête d'un homme et la tête d'un autre homme. Comme si nous portions sur les épaules le seul serpent ou le seul oiseau au monde, quelque chose de si particulier, comme une extravagance que nous exhiberions aux yeux des autres pour exister, que nous étions reconnaissables entre tous.

Chaque homme est comme un animal que nous n'avons jamais vu, un animal tellement différent qu'il n'est pas seulement d'une espèce différente mais qu'il vit dans un élément différent. Comme s'il n'y avait qu'un poisson, qu'un serpent, qu'un oiseau mais qu'il n'y avait pas seulement l'eau, la terre et l'air mais une infinité d'autres éléments et une infinité d'autres animaux.

Avec sa tête, chaque homme vit là où nous ne pouvons pas entrer, où nous ne pouvons pas nager, ramper ou voler sans nous noyer, sans étouffer ou sans tomber. Avec sa tête dans laquelle il pense et par laquelle nous pouvons le reconnaître entre tous, l'homme porte toutes les formes et tous les mouvements, toutes les tailles et toutes les distances car sa tête seule est tout son corps.

cette extrême et cruelle limite où ce qui va la rendre extrêmement visible, se dissipe dans la calme clarté qui vient d'elle. »[1]

Le visage veille sur l'oubli. Si on oublie un visage, l'oublié ne se souviendra plus de lui. *Se souvenir des visages contribue à leur présence au monde.* Un visage existe par le souvenir d'un autre qui l'a mis dans ses yeux pour le garder. Nos yeux sont les demeures des visages. Lorsqu'on parle on s'adresse aussi aux visages qui sont dans les yeux et parfois celui à qui l'on parle ne nous entend pas mais les visages qu'il a dans les yeux nous entendent et nous font signe par un clin d'œil. Les visages qui sont dans les yeux veillent sur l'oubli. Les yeux qui ont perdu leur visage sont des yeux éteints qui ne parlent plus. Celui qui a cessé de parler est celui qui a perdu les visages de ses yeux ; il les a perdus de vue. Il a perdu alors ses souvenirs et il ne peut plus oublier. Il ne peut oublier car il n'y a plus de visages qui veillent sur l'oubli. Les visages sont les veilleurs de la nuit des temps où s'originent les usages cruels et nécessaires. Ils gardent les secrets de l'oubli et parfois les délivrent pour les remettre à la parole. Les secrets qui reviennent par la parole redonnent un regard au visage. La parole accueille l'oubli et délivre un visage de son secret. Mais derrière un secret, un autre se dissimule et prend alors la place de celui qui a quitté le lieu. Un secret en cache un autre et ainsi va l'humanité depuis la brisure du aleph. Dans *Au-delà du verset*, Levinas écrit que son maître Shoushani a interprété le verset où Dieu dit à Moïse « Parle aux enfants d'Israël *leemor* pour dire », verset répété plusieurs fois dans les quatre derniers livres du Pentateuque. Le maître de Levinas

1. *Ibid.*, p. 57.

prétendait pouvoir en donner 120 interprétations. Il lui en a révélé une qui consistait à traduire *leemor* par pour ne pas dire : Shoushani fracture le aleph en deux et ça devient parle aux enfants d'Israël pour dire et ne pas dire : et c'est là que se dissimule le secret. Levinas dit qu'il faut du non-dit pour que l'écouter demeure un penser ou encore il faut que la parole soit un non-dit pour que la vérité ne consume pas ceux qui l'écoutent. Levinas écrit que les 118 autres significations restaient à découvrir : « mon maître emporta leur secret dans sa tombe ». Donc au commencement il y eut le « ne pas dire », la dissimulation ; le secret c'est aussi la clef de l'imagination et de la fiction.

Au commencement était le secret et au commencement du secret était la parole… Nous parlons pour ne pas dire le secret du visage. L'oubli trouve son repos dans le visage puis il trouve son repos dans la parole qu'il maintient en accord avec ce qui se cache. Les réponses du visage ne sont jamais celles qui répondent à une question. Le visage garde l'énigme de la question et la question est remise en je(u). Une question renvoie à une autre question pour un visage qui garde le secret en son sein. Dans le visage règne l'absence et dans l'absence l'attente d'un autre visage. À mesure que nous parlons nous rendons un peu plus présent le visage en attente. Nous parlons avec les visages en attente de (ré)apparition et parfois nous prenons leur voix. Avec le temps ce visage épouse notre visage et alors il se rend visible. On dit alors que nous ressemblons de plus en plus à un autre, à celui si près de notre visage. Le temps modifie les visages et rend possible l'impossible attente où s'affirme la pression de l'absence de temps. L'attente prend fin dans le

jean-luc parant

Un visage peut en cacher de nombreux autres et c'est ainsi que naissent les civilisations.

Quand le soleil a disparu, il ne tient plus derrière la main ; la trace qu'il laisse dans le ciel est à la dimension réelle du soleil. Le soleil disparaît de l'autre côté de la terre et laisse devant nos yeux la trace de son passage dans le ciel, la trace immense de sa propre taille démesurée. À travers l'empreinte du soleil qui a disparu, à travers la trace du feu, nous voyons la dimension du ciel, nous voyons que le ciel est sans fin. Comme à travers les traces que laissent les êtres vivants sur le sol nous voyons la taille de leur corps, nous voyons la taille de l'homme. Quand l'homme disparaît, nous voyons alors sa dimension. Nous voyons que l'homme est sans fin. L'homme disparaît pour apparaître à sa vraie taille et rendre visible l'homme qu'il est. L'homme disparaît pour apparaître à sa vraie dimension et rendre visible l'infinité d'hommes à venir qu'il cachait. L'homme disparaît pour faire apparaître les nombreux hommes qui le suivent.

visage (ré)apparu. L'attente comblée par l'attente et à la fois déçue par elle. Le visage qui s'avance dans le visage, telle la mer sur le sable, laisse des alluvions provenant d'un autre temps et modifie la configuration du lieu. Le visage qui s'avance est un visage survivant qui réinvente le visage qui le reçoit. À chaque temps son visage et à chaque visage son histoire. Nous portons les visages de l'histoire avec nous et parlons ainsi avec plus de deux mille ans de visages. Quand nous parlons au présent, nous parlons avec le passé et quand nous rappelons le passé nous amenons les visages au présent. Le temps de la parole est le temps du visage, visage anachronique, visage survivant.

Lorsque nous regardons dans les yeux d'un visage, nous oublions notre visage et pensons le trouver dans l'autre mais ce que nous voyons n'est que l'image d'un visage que nous recevons dans nos yeux. Le visage de l'autre est un trompe-l'œil car il nous fait croire en sa présence or il n'est qu'une des nombreuses faces. Voir *un* autre n'est jamais voir *un* visage mais un peuple. *Un visage peut en cacher de nombreux autres et c'est ainsi que naissent les civilisations.*

Quand nous prenons notre visage dans nos mains nous voulons rendre invisible notre douleur. En fermant notre visage dans nos mains nous nous retirons du visage et ne sommes plus visibles. Les yeux ont éteint la lumière de la parole et nous ne murmurons plus qu'en dedans. Les mains sur un visage sont tel un mur entre deux pays, il est une rupture entre deux peuples frères. Ainsi il n'y a plus de parole possible ; alors ne nous voilons plus la face et osons le visage de l'autre. Si deux

ennemis se regardaient dans les yeux, ils verraient le secret de leur visage et déposeraient la haine qui brûle leur bouche pour retrouver la parole. Face à la nudité du visage nous ne pouvons prendre les armes. Le visage interdit le meurtre disait l'autre. Alors nous regarder dans les visages c'est partager une même condition de mortel. C'est encore partager ce lieu du corps où nous sommes le plus fragiles. Certains visages se sont rigidifiés et on les dit de marbre mais ces visages ont peur et ne s'exposent plus. Ils ont reçu dans leur visage des maux qui les ont fermés. Un visage qui a eu des mots trop durs est un visage qui a durci et s'est assombri. La caresse de la voix peut le rouvrir.

L'autre visage est le lieu d'où je parle avec celui qui entend (Avec Lacan, *varia 1*). L'autre visage est le lieu où se constitue un visage avec celui qui entend (Avec Lacan, *varia 2*). L'autre visage est le lieu d'où ma voix résonne avec celui qui entend (Avec Lacan, *varia 3*). L'autre visage est le lieu d'où mon regard me revient avec celui qui entend (Avec Lacan, *varia 4*). Sans cet autre lieu, ni voix ni regard ne reviennent dans mon visage et dès lors nous n'avons plus de lieu pour parler. L'Autre est la condition d'un *je* qui parle pour *un* qui entend.

L'inconscient est le discours de l'autre visage où le sujet reçoit, sous une forme inversée, son propre message oublié (Avec Lacan, *varia 1*). L'inconscient est le discours d'un autre visage d'où font retour les visages oubliés qui ont parlé (Avec Lacan, *varia 2*). L'inconscient est le discours d'un autre visage où le sujet retrouve ses paroles adressées à un regard (Avec Lacan, *varia 3*). L'inconscient est un discours qui ne revient que par les visages oubliés (Avec Lacan, *varia 4*). Sans discours, point

de message oublié qui me revienne par le visage de l'autre. L'inconscient est la condition de l'oubli des visages pour un *je* qui parle.

(*La Bible*, *Paroles*, 4, 3-9). Ne pas oublier les paroles que les yeux ont vues. Que ces paroles ne s'écartent pas du cœur de celui qui a vu. Les faire connaître au fils et au fils du fils. La transmission, c'est le savoir même. Le savoir des yeux qui ont vu les paroles. Ainsi faisons-nous notre route les yeux remplis des paroles de nos ancêtres. Et quand nous pleurons c'est autant de paroles qui s'écoulent sur le visage pour nous ressouvenir de ceux qui ont dit. Une larme qui s'écoule, une parole qui s'énonce et un visage qui revient. Pleurer c'est rendre hommage au visage. Lorsque nous retenons nos larmes nous retenons les paroles dans le fond de notre mémoire là où les visages se taisent. Pleurer c'est faire parler les visages au plus près du visage.

Le pacte de Horéb (*La Bible, Paroles*, 4, 10-26). Pour hériter la terre, Israël doit entendre les paroles de IHVH. À Horéb, il s'est tenu face à Lui. Il a rassemblé le peuple pour entendre ses paroles. Il a fait entendre des paroles pour qu'il le craigne et pour qu'il apprenne à ses fils. Ces paroles ont marqué les visages et ils ont transmis la peur du visage à leurs fils. Il a parlé au milieu du feu et ils ont entendu la voix des paroles mais n'ont pas vu d'image, « rien qu'une voix » (*Paroles*, 4, 12). Rien… une voix et le peuple a commencé à transmettre… une voix pour les fils et les filles. Une voix pour les visages des enfants d'Israël, une voix pour tenir le fil de la transmission. Qu'a-t-on fait de la voix ? Nous l'avons tu(e)e pour ne plus dire… La voix a suspendu son pas car les bruits sur la ville ne permettent

plus qu'on l'entende. La voix appartient désormais à ceux qui se sont enfermés pour ne plus entendre les bruits de la ville. *Folie babel*[1] dira-t-elle. Folie Sainte-Anne de ceux qui ont gardé la voix pour ne plus dire. Cette voix pulsative qui bat douloureusement dans les artères de la ville intérieure. Une voix dans la ville appelle, mais plus de visages. Ville-morte où même les fantômes n'errent plus. Plus d'air... Les mères sont mortes et Pénélope a cessé son ouvrage. Plus de fil(s). Tissu troué comme une épave sur le sol desséché. La mer s'est retirée. *Expavidus*, visage épouvanté. Trop de bruits pour les voix...

(*Paroles*, 4, 13). Il vous apporte son pacte pour que vous le gardiez. Les dix paroles qu'Il a écrites sur deux tables de pierre. Et les fils d'Israël se sont passé le pacte. On les appelle les hébreux, les passeurs. Depuis ce temps la voix se passe de bouche à visage. Et les Écritures disent : « Gardez fort vos êtres. Non, vous n'avez vu aucune image, / le jour où IHVH vous a parlé à Horéb au milieu du feu, / que vous ne vous détruisiez et ne fassiez pour vous/ sculpture, image de tout symbole, forme mâle ou femelle, / forme de toute bête qui est sur terre, / (...) » (4, 15-17). Celui qui a conduit le petit peuple parmi les peuples et qui les dispersa n'a pas d'image mais une voix qui a fait face aux Benéi Israël. Entre Lui et le peuple, Moïse se tenait là pour rapporter la parole. Une voix matricielle venue du plus profond de la mémoire. Ainsi les corps se tournent vers la voix pour dire et continuer à passer le pacte. De l'extrémité du ciel à l'extrémité du ciel, la parole est grande et le peuple suit sa route...

1. C. Maillard, *Folie babel, Frénésie à Sainte-Anne,* Éditions Frénésie, Paris, 1994.

jean-luc parant

L'écriture est tel le peuple de l'erre, en attente de dire.

Si le soleil éclaire l'intouchable c'est parce que l'homme peut cacher le soleil dans le ciel avec sa main sans s'y brûler, c'est parce que l'homme est loin, loin de toutes les distances démesurées, loin de tous les temps sans fin et qu'il ne vit que sur un petit globe obscur un infime instant dans l'infini. L'homme n'est ici que depuis un tout petit moment et il voit le monde comme une image lointaine qu'il ne peut pas toucher avec ses mains et son corps. En cachant le soleil avec sa main, la lumière lui est apparue pour éclairer le monde et il a vu ce qu'il ne pouvait pas atteindre, il a vu le ciel sans fin, et il a peint le ciel, il a représenté le monde.

L'homme a inventé l'écriture parce qu'il a pu mettre la main sur les mots sans les toucher, comme il peut mettre sa main sur le soleil sans l'éteindre. Comme l'homme et la femme ont inventé l'amour parce que nous ne voulons pas mourir.

Les animaux ne voient pas l'intouchable parce qu'il y a très longtemps qu'ils existent sur la terre. Pour eux, la lumière c'est surtout de la chaleur, le soleil c'est d'abord du feu. Pour nous, le soleil dans le ciel c'est d'abord de la lumière que chacun peut cacher avec sa main et qui est la propre lumière de chacun sur la terre, et puis le soleil dans l'univers qui est le feu de tous les autres êtres vivants qui existent dans l'infini.

Si l'homme avait vécu plus longtemps sur la terre, il vivrait plus longtemps dans son corps et la lumière le réchaufferait, il serait plus près de tout et il toucherait tout. Nous sommes infiniment loin de tout parce que nous venons d'arriver sur la terre.

Is'hac – 'il rira'. Celui qui rira sera sacrifié par le père. Abraham. Le père du peuple. Il ligote Is'hac et s'apprête à l'égorger. Le visage du père et du fils. Face à face. Puis une voix pour retenir la main. La main du père. Et la voix vient d'ailleurs…

La voix vient d'ailleurs et le livre est à venir, toujours à venir. Il n'y a pas d'instant présent du livre. Mais un futur présent. **L'écriture est tel le peuple de l'erre, en attente de dire.* Se tenir en un lieu où l'écriture est à venir. Écriture du désir, traversée du désert. Le désert est le lieu dans le lieu d'où ça écrit. De ce lieu dans le lieu la voix est audible et le visage lointain. Mais tous les déserts ne se traversent pas. Langage tangage au-delà de l'absence et des mots sans mémoire. L'écriture est le filage de la mémoire sans quoi pas d'histoire. Les pages de ma mémoire se feuillettent et le livre se souvient. Certains livres sont tel un tas de feuilles mortes qui s'envolent au vent, d'autres au contraire sont un grand mouvement d'histoire qui résiste au temps. Le livre est le visage de l'écriture où s'écrivent en toutes lettres les disgrâces de la nature. Quelle face est alors ce livre dont nous parlons ? Où est la bouche du livre qui donne la voix à l'écriture ? Écrire – Et l'encre de vie coule sur le visage aux mille feuilles. Noir sur blanc. Comme le noir pupillaire. Visage. Ce pli d'écriture qui retient l'infini dans ses fils et assemble des entrelacs où sommeille le secret ignoré. Avec le rien de l'énigme d'un visage ou d'une voix, indispensable pourtant, l'exprimer et présenter. Ne gêner personne comme dans les rêves. S'instituer au texte. Un Lieu se présente, le

spectacle de Soi et l'écriture fait ses pas. Pas à pas dans la sombritude[1] du temps. Cherchez son pas. Où c'est.

Un présent n'existe pas. Déjà passé. Encore à venir. Dans cet écart entre voir et dire, à dire, ils se portent illégitimement l'un vers l'autre par l'attente. L'attente les conduit de l'événement à l'histoire où elle l'attend. L'un et l'autre maintenus dans l'écart entre voir et dire, pour dire. Maintenus par l'oubli dans l'écart du temps. Ils ont vu et vont dire. Ils ont… et vont… exposés aux choses. Ils sont dans l'écart pour garder le secret du temps. À moins que le secret les garde mais ils ne le savent pas. On est toujours secrètement là entre voir et dire. Manifestement secret. Une voix et des yeux pour un visage. Dira. Vers la présence ils n'iront pas mais elle assure le secret qui les maintient entre le voir et le dire. Ils attendent alors à l'intérieur de l'attente, parlant sans dire. Immortels dans l'attente tendue dans le temps et présents à la mort. Ils ne peuvent mourir car le présent n'est pas. Ils meurent au passé et disparaissent au présent maintenus dans l'oubli, en attente entre voir et dire. L'oubli pénètre le visage entre le visible et le dicible. « Tu leur enseigneras la bonne route sur laquelle ils iront » (*La Bible, Rois*, 8, 36) À condition qu'il y ait une route, *via rupta* la voie qui ouvre. Qu'est-ce qui le lui fait croire ? Le sentiment qu'ils la cherchent. Il leur faut trouver la route pour savoir ce qu'ils cherchent. Au fond du visage, l'oubli inépuisable là où on oublie de parler… Les points de la suture cachent le secret là où la parole le traverse et le transforme en un lieu d'une autre parole. Où en est l'histoire ?

1. Je dois ce néologisme à Claire Ambroselli.

Laisser aller la parole dans le bruit de la ville entre les visages. La parole, la circulante, la route même, celle qui ouvre à la vie à la mort depuis les visages. Où passe la route ? Aller vers la parole avec les visages même si le bruit nous empêche de voir. Se heurter aux murs comme au mot fin qui se répèterait sans fin et pourtant voir encore le visage au travers de la foule. La route passe par le visage.

Walter Benjamin écrit que « nous avons dispersé l'héritage de l'humanité », la mémoire d'humanité qui contient tous les visages, pour « la piécette de l'actuel ». Et si nous perdons les visages nous perdrons la parole. En perdant la parole nous mourrons sans sépulture c'est-à-dire sans lieu de mémoire où notre visage sera conservé. Sans lieu pour un visage nous perdons notre face d'humain promis alors à la dispersion la plus totale. Sans mémoire, nous perdons l'humanité, notre humanité. Avec le visage, l'humanité s'apprête à survivre à la civilisation.

« Après la mort de l'un des leurs, les nobles romains prennent à la cire l'empreinte de son visage, à condition toutefois que ce mort fût honorable au sens latin du terme, c'est-à-dire qu'il eût reçu durant sa vie des *honores*. À partir de cette empreinte on fabrique un ou plusieurs masques funèbres du défunt, toujours en cire, qui sont peints de la façon la plus ressemblante possible. Ce sont des masques funèbres qu'on appelle *imagines*. Ces *imagines* sont ensuite conservées, pour cela enfermées dans des petites armoires, une par *imago*, et placées dans l'*atrium* familial de tous ceux qui descendent de

cet illustre mort, par les hommes aussi bien que par les femmes, ainsi que chez ceux qui sont ses parents par alliance, ayant épousé l'une de ses filles. »[1] Cet auteur nous dit que l'*imago* se révèle paradigmatique de la pensée romaine en tant qu'elle est le noyau de la conception romaine de l'image qui en fait une réalité à part entière : « L'image par la médiation de l'*imago* a la force et les significations, c'est-à-dire en latin *uis*, de la chose, *res*, dont elle est l'empreinte. »[2] L'image comme empreinte des choses, comme prélèvement de traits distinctifs des choses pour en reconstituer hors temps une réalité idoine, un *simili* ou simulacre qui renvoie à la technique de l'empreinte. Le droit de posséder des images d'ancêtres revient aux nobles mais c'est aussi la seule façon d'être noble. À Rome, les images constituent la mémoire généalogique. « Les *imagines* placées dans l'*atrium* sont reliées entre elles par des bandes de toile, *stemmata*. Sous chacune d'elles est placée une pancarte, *titulus*, où sont inscrites les charges exercées par le mort durant sa vie avec, en plus, son identité. »[3] Comment l'*imago* en tant que simple empreinte inélaborée peut-elle servir de support à la célébration du mort rendant possible la transmission de valeurs collectives ? Elle se réfère à l'historien grec Polybe qui interprète les funérailles aristocratiques romaines comme un lieu de glorification des morts exemplaires qui sert à encourager les jeunes gens. Les funérailles ont pour

1. F. Dupont, « Les morts et la mémoire : le masque funèbre », *La mort, les morts et l'au-delà dans le monde romain*, Actes du colloque de Caen 20-22 novembre 1985 publiés sous la direction de François Hinard, Centre de publications de l'Université de Caen, 1987, p. 167.
2. *Ibid.*, p. 167.
3. *Ibid.*, p. 168.

fonction d'actualiser le deuil et de célébrer les morts du passé (afin de pousser le guerrier à affronter la mort). L'*imago* romaine n'est pas une statue car celle-ci a une valeur esthétique, elle est belle et peut commémorer la part belle du mort. L'*imago* est neutre et ne transmet rien par elle-même, elle ne donne rien à voir car enfermée dans une armoire. « L'*imago* romaine est une pure répétition, l'exacte reproduction de l'empreinte à l'infini (...). »[1] En perdant les *imagines*, Rome perd sa mémoire aristocratique et renonce à ses généalogies. L'*imago* est du côté de la vie, n'apparaissant qu'après la disparition du corps et la constitution du tombeau, n'étant ni une partie du cadavre, ni son substitut mais une partie du corps vivant inaccessible à la mort. L'ouverture des images fait partie des rituels de joie et de fin de deuil. Sénèque oppose le temps de l'*imago* qui est un temps de joie, de « souvenir apaisé » à la souffrance du deuil. L'*imago* est la trace laissée par le mort sur le sol visible lors de sa disparition. « Donc l'*imago* suspendue dans l'atrium ouvre la période qui suit le deuil, coïncide avec le passage de la déploration à la glorification. »[2] À la fin de son propos, l'auteur soulève la question de la *prise* du visage comme trace individualisée du corps du Romain. Elle parle de « réduction » au visage au détriment du reste du corps et d'autre part la conception romaine de l'image paraît privilégier une *image-trace* plutôt qu'une image mimétique.

1. *Ibid.*, p. 170.
2. *Ibid.*, p. 171.

**Tout est probable dans le ciel bleu car rien ne l'encombre, l'illimité même où toutes les figures sont possibles même celles des nuages de passage.*

Si nous fermons les yeux, il n'y a qu'une seule chose qui disparaisse complètement : le ciel. Tout reste accessible, présent, visible sauf le soleil ou les étoiles. Si nous fermons les yeux, une seule chose disparaît véritablement, une seule chose cesse brusquement d'exister : le ciel. Nous sommes alors totalement démunis de tout moyen pour l'atteindre, il devient inaccessible car les yeux en sont les seuls découvreurs, les uniques inventeurs. La fente des yeux est une fenêtre qui n'est ouverte que sur le ciel. Si nous la fermons, nous nous enfermons sur la terre. La visibilité c'est avant tout l'accessibilité du ciel par n'importe lequel de nos sens. Pouvoir atteindre c'est pouvoir éclairer. La lumière n'est qu'une idée car la nuit les mains la trouvent, les mains la font naître. La visibilité c'est une question d'accès. Atteindre des mains, du nez ou des oreilles, c'est un peu s'approcher de voir, des yeux. La vue englobe tous les sens.

L'invisible est avant tout inaccessible des mains, des yeux. Le ciel c'est l'inconnu sans les yeux, le ciel ne tient à rien, il suffit que les yeux se ferment pour qu'il disparaisse totalement. Le ciel n'est qu'au bout de nos yeux alors que la terre est partout tout autour de nous, au bout de tous nos sens, comme tout entière dans notre corps. Les yeux ont beau se fermer, les bras auraient beau se replier, le nez et les oreilles se boucher, il y aurait toujours la terre, nous en prendrions toujours conscience, elle serait là sous nos pieds, au bout de toute notre peau, au bout de tous nos contours. La terre s'est comme emparée de nous alors que le ciel s'est à peine approché, si peu qu'il faut ouvrir les yeux pour le découvrir.

Si nous volions, le ciel n'existerait plus pour nous que par le seul fait d'avoir des yeux. Nous prendrions corps avec le ciel comme nous prenons corps avec la terre. Nous pourrions devenir aveugles et cependant avoir conscience du ciel. Nous sommes devant le ciel ce que nous serions devant la terre si nous y étions ficelés, accrochés, enterrés, immobilisés. Nous sommes morts devant et dans le ciel. Les yeux bougent sans cesse mais nous ne pouvons pas avancer. Tout notre corps est coincé à l'intérieur. Notre corps est enterré dans le ciel avec ses ailes. Seuls les yeux font surface, en surgissent. Nos deux yeux sont à ras des cieux. Il faut sortir tout entier de nos yeux pour parcourir le ciel entièrement. Il faut tirer sur nos yeux le plus fort possible pour que tout le reste suive. Il faut s'en aller, se déplacer à l'intérieur comme nous nous déplaçons sur la terre, en faire le tour complet avec notre corps ailé. Nos ailes sont enfouies dans le ciel, notre corps ailé est enfoui dans le ciel, seuls ses yeux font surface, seuls nos yeux s'en sont libérés. Nos yeux sont les seules parties découvertes de notre corps ailé enfoncé dans le ciel. C'est pour cela que seuls les yeux peuvent nous faire découvrir le ciel, c'est parce qu'ils en font partie intégralement. Nous levons la tête et nous mourons devant lui. Nous sommes immobiles devant le ciel, paralysés en lui. Nos ailes sont bloquées dans le ciel comme nos jambes le seraient dans la terre. Nos ailes sont enfouies dans le ciel, invisibles. Il faut creuser le ciel pour découvrir nos ailes comme nous creuserions la terre pour y découvrir nos jambes si nous étions enlisés à l'intérieur. Nous sommes enlisés dans le ciel et détachés de la terre.

Si on pouvait bouger les ailes dans le ciel comme on bouge les jambes sur la terre, on verrait peut-être la terre sans ne plus pouvoir avancer en elle comme on voit le ciel sans pouvoir s'éloigner en lui. Si on avait des ailes, on ne pourrait plus atteindre la terre comme nous avons des jambes qui nous empêchent d'atteindre le ciel. Les yeux sont une partie de notre corps ailé enfoui dans le ciel. Les yeux sont les seules parties de notre corps qui nous détachent de la terre. Les yeux ont surgi et c'est comme si quelque chose s'était crevé dans le ciel. Les yeux sont dans le ciel. Les yeux sont accrochés au ciel et détachés de terre. Il est plus facile de poser les yeux dans le ciel que sur la terre. Les jambes sont des chemins pour la terre autant que les yeux sont des chemins pour le ciel.

céline masson

Pour ne pas conclure avec Jean-Luc Parant

AVEC JEAN-LUC PARANT nous écrivons le corps de l'humanité et les yeux redeviennent voyants. L'écriture est l'urgence de la vue, la vue pour la vie. En écrivant Jean-Luc Parant nous apprend à voir. La surface de ses livres est un tissu rétinien qui reçoit la lumière des visages. L'écriture se prend à bras le corps et elle conte l'histoire de l'homme. Un homme sur terre qui ouvre ses sens à la vie et raconte les *événements* qui arrivent au corps. Une vie en écriture pour la mémoire de l'humanité des visages. Jean-Luc Parant au pays des merveilles de l'humanité, le visage ouvert sur le ciel bleu. *Tout est probable dans le ciel bleu car rien ne l'encombre, l'illimité même où toutes les figures sont possibles même celles des nuages de passage.* Les pieds sur terre et la tête dans le ciel nous écrivons pour que la terre et le ciel se touchent et que le bleu du ciel colore la

jean-luc parant

**Écrire un seul texte répété sans cesse sur une surface qui finit par s'épaissir et ressembler à l'écorce terrestre.*

J'aurais voulu un livre voiture pour faire un tour, un livre avion pour faire cent tours, un livre fusée pour faire mille tours. J'aurais voulu un livre maison pour entrer à l'intérieur, un livre château pour courir dedans, un livre monde pour voler dedans. J'aurais voulu un livre source pour boire, un livre femme pour faire l'amour.

J'aurais voulu que toutes les lettres de ce livre soient en relief. Elles ne sont là que des images, plus de lumière, plus rien. J'aurais voulu, afin que ce livre puisse être lu le jour et la nuit, que chaque caractère s'élève des pages comme la poitrine du corps des femmes, comme les arbres de la terre. Je l'aurais voulu ainsi afin qu'il soit pleinement visible, que l'on puisse le lire les yeux ouverts et les yeux fermés, autant le voir que le toucher. J'aurais voulu que ce livre s'adresse à tous les yeux, à ceux qui sont ouverts en dehors et à ceux qui sont ouverts en dedans.

J'aurais voulu que la nuit puisse tomber sur mon livre sans l'effacer. Il existe peu mon livre si, quand vient la nuit, ses lignes ne sont plus. Il existe peu s'il n'existe que dans le jour, si ses mots ne sont visibles que par les yeux, n'éclatent qu'au soleil. Il existe peu mon livre qui voudrait donner la liberté de voir et qui interdit de fermer les yeux. J'aurais voulu écrire un livre matière afin qu'il soit sans cesse lumière, qu'il ne soit pas seulement la proie du jour mais aussi l'éclat de la nuit.

J'aurais voulu que toutes ces pages soient des visages éveillés, endormis, éveillés, endormis. J'aurais voulu que toutes ces pages soient des yeux ouverts, fermés, ouverts, fermés. Que toutes ces pages soient des cils qui se lèvent et se baissent, qui se lèvent et se baissent. J'aurais voulu une page blanche puis une page noire, une ligne noire puis une ligne blanche. J'aurais voulu un jour puis une nuit, un jour et une nuit sans cesse, j'aurais voulu la terre ici même et que la nuit puisse tomber sur mon livre et mes paupières se baisser sans l'effacer. J'aurais voulu une image obscure puis une image claire, une ombre puis un éclat. J'aurais voulu un livre en mouvement, un livre où les pages, les lignes et les mots ne s'arrêteraient pas de battre. J'aurais voulu courir vers une lumière comme la nuit court vers la sienne. J'aurais voulu être une nuit et avoir ma propre aube.

J'aurais voulu écrire une ligne sans fin, une seule ligne et ne plus jamais revenir. J'aurais voulu continuer, ne pas faire demi-tour, ne pas m'arrêter au bout de la page. J'aurais voulu dépasser la table sur laquelle j'écris, puis plus loin continuer sur la fenêtre, m'élancer au-dessus de la terre, traverser ainsi l'univers. J'aurais voulu enfin partir, lancer mes lignes très loin après l'horizon, après les nuages, après le visible. J'aurais voulu atteindre d'autres sommets beaucoup plus hauts, des montagnes d'autres terres, des cieux d'autres cieux, des yeux d'autres têtes, des soleils d'autres mondes. J'aurais voulu m'enfuir, envoler les mots, ma main, être illisible. Mais la lumière m'a élevé quatre murs autour de chaque page. Elle m'a enfermé dans une prison. J'ai fait des milliers de fois le tour de mes cellules. J'ai percé des trous puis des tunnels, j'ai fini par trouver une sortie. C'est seulement quand il n'y aura plus rien à lire que je serai parti continuer à écrire mon histoire dans le ciel.

surface de la terre. Écrire c'est s'inscrire sur une surface pour résister au vent. **Écrire un seul texte répété sans cesse sur une surface qui finit par s'épaissir et ressembler à l'écorce terrestre.* Écrire au plus profond de la terre sans compromis. Une vie en écriture pour lever un visage au ciel…

Le ciel est réservé à ceux qui rêvent et à trop s'encombrer de machines il nous empêche de rêver les yeux ouverts. Certaines d'entre elles nous accompagnent dans nos songes mais d'autres, les tueuses, nous enlèvent nos rêves et nous brûlent les yeux. Si la main de l'homme cède le pas à la machine alors nous ne pourrons plus croire la tête dans le ciel. Les guerres ont coupé les têtes dans le ciel et les corps ont péri de n'avoir plus d'yeux. Les gens sont rentrés en eux pour ne plus voir et ne plus entendre les machines qui avaient pris leurs têtes. L'homme a fait la machine et la machine leur a pris la tête pour qu'il n'ait plus la main sur elle. Ne laissons pas les machines nous faire la peau au risque de l'humanité.

Chaque regard sur un visage étranger laisse une trace. Et il y a autant de traces différentes qu'il y a de qualités de regards. Les regards sont retenus au visage par une corde si lâche et extensible qu'ils peuvent se promener seuls à en oublier parfois leur point d'attache. Ils partent alors à l'aventure d'un autre visage pour le modifier. Certains regards modifient le visage en le perçant, d'autres encore le dévorent, certains sont foudroyants et le soufflent en très peu de temps. Les regards sont encore rapides, ardents, brûlants, fulgurants, pétillants, fixes, vides, mouillés, affolés, angoissés, égarés, perdus, inquiets, suppliants,

jean-luc parant

« Nous ne voyons pas. Vous ouvrez les yeux mais vous ne voyez pas. »

Nous ne pouvons pas voir notre propre visage avec nos yeux parce que nos yeux ne peuvent pas se projeter vers lui ni s'ouvrir sur lui. Nos yeux s'ouvrent vers l'extérieur et ne nous voient pas. Nous ne sommes pas dans la direction de nos yeux ni dans celle de la lumière. Nous sommes derrière le soleil. Si nous voulons nous voir, il nous faut avancer devant nous jusqu'à trouver notre image dans un miroir.

La lumière du soleil ne nous éclaire pas pour nous-même. Avec elle nous ne nous voyons qu'en partie. Avec la lumière du jour, nous sommes sans notre tête. Nous sommes un corps qui a perdu sa tête. Nous ne voyons pas le monde avec la lumière du jour parce qu'avec elle le monde est en morceaux. Nous ne voyons le monde qu'à travers un miroir, comme nous nous voyons nous-même à travers lui pour rester entier.

Nous ne voyons pas le monde autrement que par réflexion pour ne pas le voir décapité. Avec seulement nos yeux, le monde reste intouchable mais entier.

Avec nos yeux nous nous voyons seulement à travers un miroir. Si nous ne nous voyons pas sans notre tête c'est parce que nous nous voyons toujours avec nos yeux. Se voir avec ses yeux c'est se voir tout entier dans un miroir, sinon c'est se voir sans sa tête dans la lumière du soleil, c'est se voir exploser dans l'univers.

Cette part d'inconnu qui ouvre nos yeux aux rêves de la nuit...

Le soleil se lève et je ne vois pas mon visage. Le soleil se couche et je ne vois pas que mon visage a disparu.

confiants, indulgents, offensants, agaçants, assassins, câlins, mâlins, coquins, caressants, avides, impertinents, languissants, amoureux, passionnés… Les regards sont les avant-postes du visage et sont une main tendue vers un autre visage.

« Nous ne voyons pas. Vous ouvrez les yeux mais vous ne voyez pas. »[1]

Nous ne prenons plus le temps de nous arrêter pour voir la vie du corps et sautons à pieds joints dans le cyclone de l'actuel. Nous ne voyons plus car nous ne nous regardons plus dans les visages qui donnent la lumière. Ouvrir les yeux sur un visage pour recevoir la lumière de notre humanité.

Le poète comme l'artiste rendent possible la survivance des images mnémoniques dans le réel historique. Freud disait justement qu'ils sont les avant-coureurs de la science car leurs yeux sont ouverts sur leur histoire à faire l'Histoire. Ils savent pour transmettre mais d'un savoir insu dissimulé dans les strates de la mémoire. Ouvrons grand les yeux au poète pour recevoir l'écriture qui dissimule la mémoire de l'homme.

« Nous sommes tous d'une planète inconnue. »[2] *Cette part d'inconnu qui ouvre nos yeux aux rêves de la nuit…*

1. J.-L. Parant, *Les Yeux*, *op. cit.*, p. 33.
2. *Ibid.*, p. 99.

jean-luc parant

Du même auteur

Les Yeux. L'envahissement des yeux, José Corti, 2002.

Les Yeux deux. L'accouplement des yeux, José Corti, 2003.

Les Yeux trois. Le déplacement des yeux, José corti, 2003.

céline masson

Du même auteur

La fabrique de la Poupée chez Hans Bellmer – Le faire-œuvre perversif, L'harmattan, collection « L'œuvre et la psyché », 2000.

*L'angoisse et la création – La matière angoisse et l'*en-formation, L'harmattan, collection « L'œuvre et la psyché », 2001.

Fonction des images dans l'appareil psychique – Construction d'un appareil optique –, Erès, collection « Actualité de la psychanalyse », sept-oct. 2003.

Sous la direction de Céline Masson, *Métapsychologie de la création*, L'Esprit du temps, à paraître.

Achevé d'imprimer en janvier 2004
sur les presses de l'imprimerie du Pré Battoir
(42220 St-Julien-Molin-Molette),
et façonné par Ets. Alain (07340 Félines),
pour le compte des éditions
encre marine
Fougères, 42220 La Versanne,
selon une maquette fournie par leurs soins.
Dépôt légal : janvier 2004
ISBN : 2-909422-77-1

Paul Audi (14 dessins de Frédéric Pajak)
Crucifixion
ISBN : 2-909422-57-7 / px : 30 euros

Dôgen
Shôbôgenzô
- Bussho / (La nature donc bouddha/ the buddha nature)
(Édition trilingue (japonais/français/anglais) ;
traduction de Eidô Shimano Rôshi et Charles Vacher)
ISBN : 2-909422-63-1 / px : 34 euros

François Solesmes
Marées
ISBN 2-909422-67-4 / px : 30 euros

Marcel Conche
Le sens de la philosophie
2° édition revue et augmentée
ISBN 2-909422-69-0 / px : 10 euros

Marcel Conche
Ma vie antérieure & Le destin de solitude
2° édition revue et augmentée
ISBN 2-909422-70-4 / px : 18 euros

Gilbert Romeyer Dherbey
Une trace infime d'encre pâle
ISBN 2-909422-71-2 / px : 22 euros

Dominique Janicaud
Aristote aux Champs-Élysées
ISBN 2-909422-72-0 / px : 22 euros

Jean Salem
Une lecture frivole des Écritures
***L'Essence du Christianisme* de Ludwig Feuerbach**
ISBN 2-909422-74-7 / px : 20 euros

Céline Masson & Jean-Luc Parant
La vie vaut la peine d'être visage
ISBN 2-909422-77-1 / px : 13 euros

Ouvrages au format 22 x 16,5 cm
imprimés sur papier Vergé 100g
présentés sous une reliure souple « Intégra »
avec tranche file et signet bleu marine

Henri Maldiney
Ouvrir le rien, l'art nu
ISBN : 2-909422-48-8 / px : 53 euros

Françoise Dastur
Chair et langage. Essais sur Merleau-Ponty
ISBN : 2-909422-56-9 / px : 29 euros

F. Ogereau
(traduction des notes par Jean-Baptiste Gourinat ;
présentation par Gilbert Romeyer-Dherbey)
Essai sur le système philosophique des Stoïciens
ISBN : 2-909422-58-5 / px : 35 euros

J-M. Guyau
La morale d'Épicure
(Préfaces de Jean-Baptiste Gourinat et Gilbert Romeyer Dherbey)
ISBN 2-909422-66-6 / px : 35 euros

Polynôme
(Sous la direction de Robert Misrahi)
Le bonheur d'entreprendre
ISBN 2-909422-75-5 / px : 24 euros

Paul Audi
Où je suis
(Topologie de la subjectivité)
ISBN 2-909422-78-x / px : 32 euros

Ouvrages au format « de poche » 15.3 x 10,5 cm
imprimés sur papier Bible 60g
présentés sous une reliure souple « Intégra »
avec tranche file et signet bleu marine

Jeux de montagnes et d'eaux,
Traduits par Jean-Pierre Diény,
ISBN 2-909422-50-x / px : 18 euros

Collectif
Écrire, résister, précédé de N.N., de Violette Maurice
Encres de Michel Denis
ISBN 2-909422-55-0 / px : 17 euros

François Cheng
Double chant,
ISBN 2-909422-59-3 / px : 10 euros

François Mauriac
Mozart et autres écrits sur la musique,
(préface de François Solesmes)
ISBN 2-909422-60-7 / px : 11 euros

Françoise Dastur
Dire le temps, esquisse d'une chrono-logie phénoménologique,
ISBN 2-909422-61-5 / px : 11 euros

Robert Misrahi
La problématique du sujet aujourd'hui
ISBN 2-909422-62-3 / px : 12 euros

JoachimGasquet
Cézanne
(Préface de François Solesmes)
ISBN 2-909422-64-x / px : 12 euros

François Solesmes
Éloge de l'arbre
ISBN 2-909422-65-8 / px : 12 euros

Dominique Janicaud
Les bonheurs de Sophie
ISBN 2-909422-73-9 / px : 11 euros

fougères
f. 42220 la versanne
email : encre-marine@encre-marine.com
http://www.encre-marine.com
tél : 04 77 39 62 63 fax : 04 77 39 66 45

Diffusion / Distribution
Presses Universitaires de France
6 avenue Reille
F. 75685 Paris cedex 14
http://www.puf.com
tél. : 01 58 10 31 70 fax : 01 58 10 31 82

Catalogue des livres disponibles

imprimés à l'encre bleu marine sur papier vergé

prix au 1° janvier 2004

Ouvrages brochés et non rognés

François SOLESMES
D'un rivage
ISBN : 2-909422-02-X / px : 20 euros

Claude GAUDIN
(Préface de François DAGOGNET)
Jünger, pour un abécédaire du monde
ISBN : 2-909422-03-8 / px : 19 euros

Roger MUNIER
L'Être et son poème
Essai sur la poétique d'André FRÉNAUD suivi d'une glose inédite du poète
ISBN : 2-909422-04-6 / px : 21 euros

Nicolas GRIMALDI
L'ardent sanglot (Cinq études sur l'art)
ISBN : 2-909422-08-9 / px : 25 euros

Nicolas GRIMALDI
Partie réservée à la correspondance
ISBN : 2-909422-09-7 / px : 10 euros

Friedrich NIETZSCHE
Introduction aux leçons sur l'*Œdipe-Roi* de Sophocle
Introduction aux études de philologie classique
Traduit par Françoise DASTUR et Michel HAAR et présenté par Michel HAAR
ISBN : 2-909422-11-9 / px : 18 euros

Nicolas GRIMALDI
Le soufre et le lilas (Essai sur l'esthétique de Van Gogh)
ISBN : 2-909422-15-1 / px : 31 euros

Zheng BANQIAO
Lettres familiales
(Traduction de Jean-Pierre Diény)
ISBN : 2-909422-18-6 / px : 26 euros

Daniel PARROCHIA
Ontologie fantôme Essai sur l'œuvre de Patrick Modiano
ISBN : 2-909422-19-4 / px : 16 euros

Robert MISRAHI
La jouissance d'être
ISBN : 2-909422-21-6 / px : 40 euros

Robert MISRAHI
L'Être et la Joie (Perspectives synthétiques sur le spinozisme)
ISBN : 2-909422-23-2 / px : 40 euros

DÔGEN
Shôbôgenzô
- uji / (Être-Temps / Being-Time)
(Édition trilingue (japonais/français/anglais) ;
traduction de Eidô Shimano Rôshi et Charles Vacher)
ISBN : 2-909422-24-0 / px : 26 euros

Françoise DASTUR
Hölderlin, le retournement natal
ISBN : 2-909422-26-7 / px : 21 euros

Jean SALEM
Démocrite, Épicure, Lucrèce. (La vérité du minuscule)
ISBN : 2-909422-27-5 / px : 26 euros

COLLECTIF
Phénoménologie et esthétique
ISBN : 2-909422-31-3 / px : 26 euros

Natalie DEPRAZ
Ecrire en phénoménologue (Une autre époque de l'écriture)
ISBN : 2-909422-32-1 / px : 26 euros

François SOLESMES
Ode à l'océan
ISBN : 2-909422-33-X / px : 31 euros

Jean SALEM
Cinq variations sur le plaisir la sagesse et la mort
ISBN : 2-909422-36-4 / px : 33 euros

DÔGEN
Shôbôgenzô
- Yui butsu yo butsu / (Seul bouddha connaît bouddha)
- Shoji / (Vie-Mort)
(Édition trilingue (japonais/français/anglais) :
traduction de Eidô Shimano Rôshi et Charles Vacher)
ISBN : 2-909422-37-2 / px : 30 euros

Claude GAUDIN
Lucrèce, la lecture des choses
ISBN : 2-909422-38-0 / px : 29 euros

Olivier BARDET
Clés et ébauches de clés
ISBN : 2-909422-40-2 / px : 19 euros

Paul FINSLER
De la vie après la mort
Présenté par Daniel PARROCHIA
ISBN : 2-909422-41-0 / px : 23 euros

Jacques GARELLI
Poèmes
ISBN : 2-909422-45-3 / px : 30 euros

COLLECTIF (Autour de l'œuvre de Jacques GARELLI)
Penser le poème
ISBN : 2-909422-46-1 / px : 26 euros
Coffret Garelli (réunissant les 2 volumes)
ISBN : 2-909422-47-X / px : 56 euros

Idelette de BURE
Délires de la déesse
ISBN : 2-909422-43-7 / px : 22 euros

Claude MONTSERRAT-CALS
Cette lumière
(Préface de Françoise DASTUR)
ISBN : 2-909422-49-6 / px : 16 euros

Traduits par JEAN-PIERRE DIÉNY
Jeux de montagnes et d'eaux (quatrains et huitains de chine)
ISBN : 2-909422-50-X / px : 18 euros

François SOLESMES
Océaniques
ISBN : 2-909422-51-8 / px : 35 euros

François DAGOGNET
Philosophie d'un retournement
ISBN : 2-909422-52-6 / px : 17 euros

Henri MALDINEY ET SES AMIS (DU BOUCHET, KUHN, SCHOTTE)
Existence, crise et création
ISBN : 2-909422-53-4 / px : 15 euros

Robert DAMIEN
La grâce de l'auteur
ISBN : 2-909422-54-2 / px : 30 euros